Der große XENOS-
Weltraumatlas
für Kinder

Illustrationen: Hans G. Schellenberger
Text: Dieter Schmidt

XENOS

ISBN 3-8212-2426-6
©Xenos Verlagsgesellschaft mbH
Am Hehsel 40, 22339 Hamburg
Illustrationen: Hans G. Schellenberger
Text: Dieter Schmidt
Fachlektorat: Dipl.-Phys. Herwart Nöldeke, Planetarium Hamburg
Umschlaglithos: Bargsted & Ruhland, Hamburg
Satz und Lithos: KCS, Buchholz
Printed in Slovakia

Inhalt

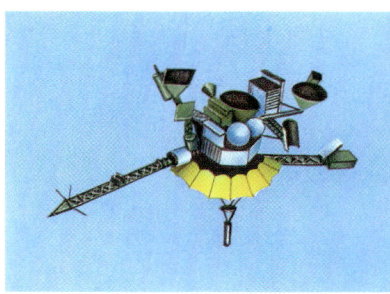

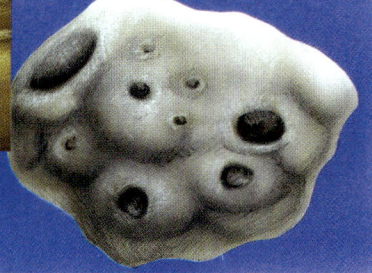

Am Anfang war ein Feuerball

Entstanden ist das Weltall vor etwa 15 Milliarden Jahren. Eine gewaltige Explosion schleuderte riesige Mengen heißer Gase in den Kosmos. Mit diesem „Urknall" nahmen Raum und Zeit ihren Anfang. Je weiter sich der Feuerball ausdehnte, desto mehr kühlte er sich ab. Gas- und Staubwolken trieben durch den Weltraum, verwirbelten und verklumpten. Im Laufe von Jahrmillionen verdichtete sich die Asche des Urknalls an vielen Stellen zu leuchtenden Gasbällen. Die ersten Sterne flammten auf.

Sogar heute noch wirkt die ungeheure Wucht des Urknalls nach. Man hat festgestellt, dass sich die Galaxien alle mit hoher Geschwindigkeit voneinander entfernen. Auf diese Weise wird das Universum immer größer.

Die Erde im Universum

Von außen betrachtet sieht das Universum beinahe aus wie ein schwarzer Schweizer Käse. Es ist ein nebliges Gebilde, das aus blass schimmernden Leuchtwolken besteht. Dazwischen klaffen ungeheuer große Löcher. Dort gibt es nichts als nachtschwarze Leere. Wenn wir uns den Leuchtwolken nähern, erkennen wir: Sie bestehen aus unzähligen Lichtinseln, den Galaxien.

Und am Rande eines dieser Sternensysteme stoßen wir auf einen kleinen gelben Stern. Das ist unsere Sonne. Sie wird von einem unscheinbaren blauen Staubkorn umkreist. Das ist unsere Heimat, die Erde.

Die Milchstraße

Wenn man nachts ins All schaut, kann man bei guter Sicht ein milchig verschwommenes Band entdecken. Es erstreckt sich quer über den ganzen Himmel. Das ist die Milchstraße. Das Teleskop zeigt, dass sie aus vielen Millionen einzelner Sterne besteht.

Von der Seite gesehen hat die Milchstraße die Gestalt einer flachen, in der Mitte verdickten Scheibe. Von oben gesehen ist sie eine mehrarmige Spirale, die sich langsam um sich selbst dreht. Die Astronomen nennen ein derartiges Sternensystem „Galaxis".

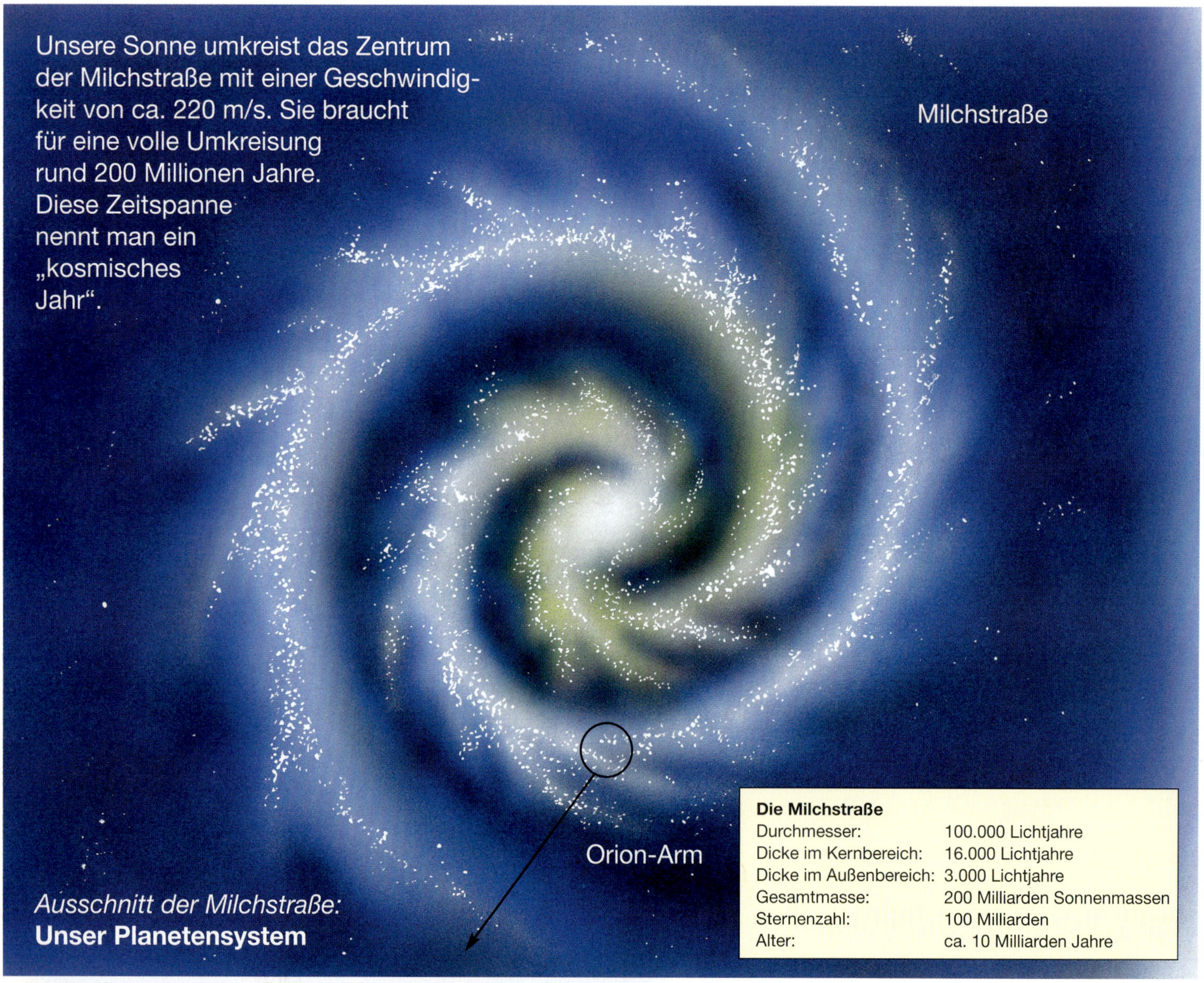

Unsere Sonne umkreist das Zentrum der Milchstraße mit einer Geschwindigkeit von ca. 220 m/s. Sie braucht für eine volle Umkreisung rund 200 Millionen Jahre. Diese Zeitspanne nennt man ein „kosmisches Jahr".

Milchstraße

Orion-Arm

Ausschnitt der Milchstraße:
Unser Planetensystem

Die Milchstraße

Durchmesser:	100.000 Lichtjahre
Dicke im Kernbereich:	16.000 Lichtjahre
Dicke im Außenbereich:	3.000 Lichtjahre
Gesamtmasse:	200 Milliarden Sonnenmassen
Sternenzahl:	100 Milliarden
Alter:	ca. 10 Milliarden Jahre

Sonne | Venus | Mars | Jupiter | Saturn | Uranus | Neptun | Pluto
Merkur | Erde mit Mond

Unser Sonnensystem mit der Erde befindet sich im Innern der Spiralscheibe. Es liegt am Rande eines Orion-Arm genannten Bereiches der Milchstraße. Die Entfernung zum Mittelpunkt der Galaxis beträgt etwa 28.000 Lichtjahre.

Die Sterne

Weißt du, wie viel Sternlein stehen …? Das bekannte Lied stellt eine Frage, die bis heute nicht beantwortet werden kann. Mit bloßem Auge können wir etwa 2.000 bis 3.000 Sterne über uns sehen. Bereits mit einem Fernglas oder einem kleinen Fernrohr eröffnet sich uns der Blick auf viele Tausende mehr. Die Astronomen können mit ihren riesigen Teleskopen eine Unzahl weiterer Sterne, Galaxien und anderer Himmelskörper beobachten. Sie haben berechnet, dass es im Weltall viele Milliarden Galaxien gibt. Jede Galaxis besteht ihrerseits aus jeweils hunderten Milliarden Sternen.

Galaxis

Wie viele Galaxien und Sterne es gibt, kann niemand mit Sicherheit sagen. Ihre Gesamtzahl ist zu groß, um sie exakt bestimmen zu können. Außerdem können wir viele Sterne gar nicht erst sehen. Denn vielfach versperren uns so genannte „Dunkelwolken" den Blick. Das sind dichte Staubmassen im All. Sie verschlucken das Licht aller Sterne und Galaxien, die hinter ihnen liegen.

Weiße Zwerge und Rote Riesen

Auf den ersten Blick scheinen die Sterne alle gleich auszusehen. In Wahrheit sind sie aber sehr verschieden. Genau wie unsere Sonne sind es alles riesige, hell leuchtende Glutbälle. Allerdings sind sie sehr weit von uns entfernt. Deshalb können wir sie nur als winzige, funkelnde Lichtpunkte sehen. Es gibt große und kleine, bläulich weiße, orange und tiefrote Sterne.

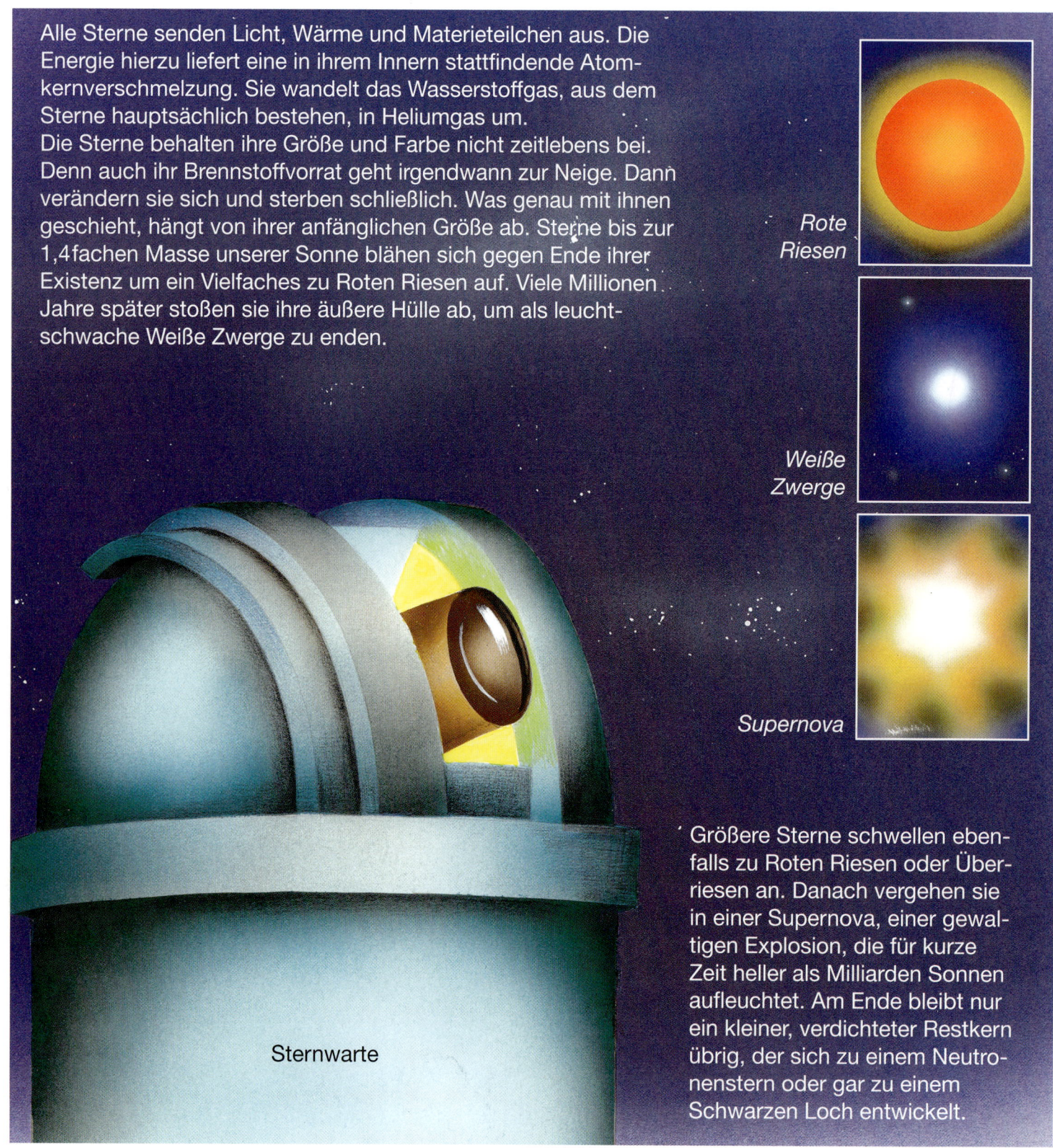

Alle Sterne senden Licht, Wärme und Materieteilchen aus. Die Energie hierzu liefert eine in ihrem Innern stattfindende Atomkernverschmelzung. Sie wandelt das Wasserstoffgas, aus dem Sterne hauptsächlich bestehen, in Heliumgas um.

Die Sterne behalten ihre Größe und Farbe nicht zeitlebens bei. Denn auch ihr Brennstoffvorrat geht irgendwann zur Neige. Dann verändern sie sich und sterben schließlich. Was genau mit ihnen geschieht, hängt von ihrer anfänglichen Größe ab. Sterne bis zur 1,4fachen Masse unserer Sonne blähen sich gegen Ende ihrer Existenz um ein Vielfaches zu Roten Riesen auf. Viele Millionen Jahre später stoßen sie ihre äußere Hülle ab, um als leuchtschwache Weiße Zwerge zu enden.

Rote Riesen

Weiße Zwerge

Supernova

Sternwarte

Größere Sterne schwellen ebenfalls zu Roten Riesen oder Überriesen an. Danach vergehen sie in einer Supernova, einer gewaltigen Explosion, die für kurze Zeit heller als Milliarden Sonnen aufleuchtet. Am Ende bleibt nur ein kleiner, verdichteter Restkern übrig, der sich zu einem Neutronenstern oder gar zu einem Schwarzen Loch entwickelt.

Kometen und Meteoriten

Kometen zählen zu den eindrucksvollsten Himmelserscheinungen überhaupt. Ihr Leuchtschweif faszinierte die Menschen schon immer. Früher hielt man die Kometen für Götterboten. Man glaubte, sie würden Unheil oder gar den Weltuntergang ankündigen. Manchmal aber wurden sie auch als Glücksbringer gedeutet. Es war ein Schweifstern, heißt es in der Bibel, der den Heiligen Drei Königen den Weg zum Christkind gezeigt hat.

Kometenschweif

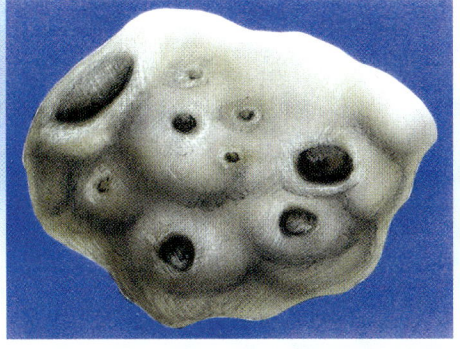

Auch unzählige Meteoriten umkreisen die Sonne in stark elliptischen Bahnen. Meteoriten sind kleine, teils metallhaltige Staubteilchen oder Gesteinsbrocken. Wenn sie die Umlaufbahn der Erde kreuzen, können sie in die Lufthülle unseres Planeten geraten. Bei ihrem anschließenden Sturz durch die Erdatmosphäre entsteht Reibungshitze. Diese lässt den Meteoriten aufglühen. Deshalb schießt er als hell leuchtende Sternschnuppe über den Himmel. Man nennt diese Leuchtspur auch „Meteor".

Kometen sind eine Art großer, schmutziger Eisbälle. Sie bestehen aus einem Kern aus Gestein, Staub, gefrorenen Gasen und Wassereis. Wann immer sich ein Kometenkern der Sonne nähert, wird er von ihr erwärmt. Dann hüllt er sich in eine Dunstwolke aus verdampften Gasen und feinem Staub. Durch den Sonnenwind wird diese „Koma" genannte Nebelhülle in die Länge gezogen und zum Leuchten angeregt. So entsteht der helle Schweif. Der berühmteste Komet ist der alle 76 Jahre erscheinende Halley'sche Komet. Er war 1985/86 sichtbar und wird erst 2061 wiederkehren.

Meteoritenkrater auf dem Mond

Manche Meteoriten sind so groß, dass sie bei ihrem Absturz nicht vollständig verdampfen. Sie gelangen bis zum Erdboden und hinterlassen sichtbare Aufschlagkrater, wie man sie auf dem luftleeren Mond zu Abertausenden findet.

Unser Sonnensystem

Die Erde, die Sonne, der Mond und alle anderen Himmelskörper in unserer Umgebung bilden zusammen das Sonnensystem. In seiner Mitte befindet sich der riesige Flammenball
der Sonne. Sie wird von insgesamt neun Planeten umkreist.
Hinzu kommen unzählige Kometen, Meteoriten und Planetoiden.
Die meisten Planeten werden ihrerseits auch selbst von
Himmelskörpern umkreist. Um unsere Erde kreist der Mond.
Auch andere Planeten haben Monde. Manche Planeten,
beispielsweise der Saturn, haben aber auch Ringsysteme.

Genau wie unser Erdmond strahlen die Planeten kein eigenes
Licht aus. Sie werden von der Sonne beleuchtet. Den Widerschein
dieses Sonnenlichtes können wir bei Merkur, Venus, Mars,
Jupiter und Saturn bereits mit bloßem Auge erkennen. Auf
den ersten Blick sehen sie dadurch genau wie andere
Sterne aus.
Die eigentlichen, weit von uns entfernten Sterne
scheinen ihren Platz am Himmelszelt nie zu
verändern. Darum werden sie auch als „Fixsterne"
bezeichnet. Bei den Planeten jedoch können wir
beobachten, dass sie ihren Standort im Laufe der Zeit
erkennbar wechseln. Man nennt sie deshalb auch
„Wandelsterne".

Saturn

Uranus

Pluto

Sonne

Venus

Jupiter

Merkur

Erde

Mars

Neptun

Die Sonne

Die Sonne spielt eine entscheidende Rolle für unser Leben. Sie schenkt uns Licht und Wärme. Sie versorgt uns sogar mit Atemluft und Nahrung. Denn nur mithilfe des Sonnenlichtes können die Grünpflanzen jenen Sauerstoff erzeugen, den wir zum Atmen brauchen. Auch das Getreide, Gemüse und Obst auf unseren Feldern lässt sie wachsen, damit sie uns als Nahrung dienen können.

Die Sonne ist ein riesiger, strahlender Feuerball. Sie besteht hauptsächlich aus einer gewaltigen Menge Wasserstoffgas und Heliumgas. Sie ist 109-mal größer als unsere Erde.
Manchmal brechen glühend heiße Gasmassen flammenartig aus der Sonne heraus. An anderen Bereichen ihrer Oberfläche sind kühlere, dunklere Stellen zu sehen, die so genannten „Sonnenflecken".

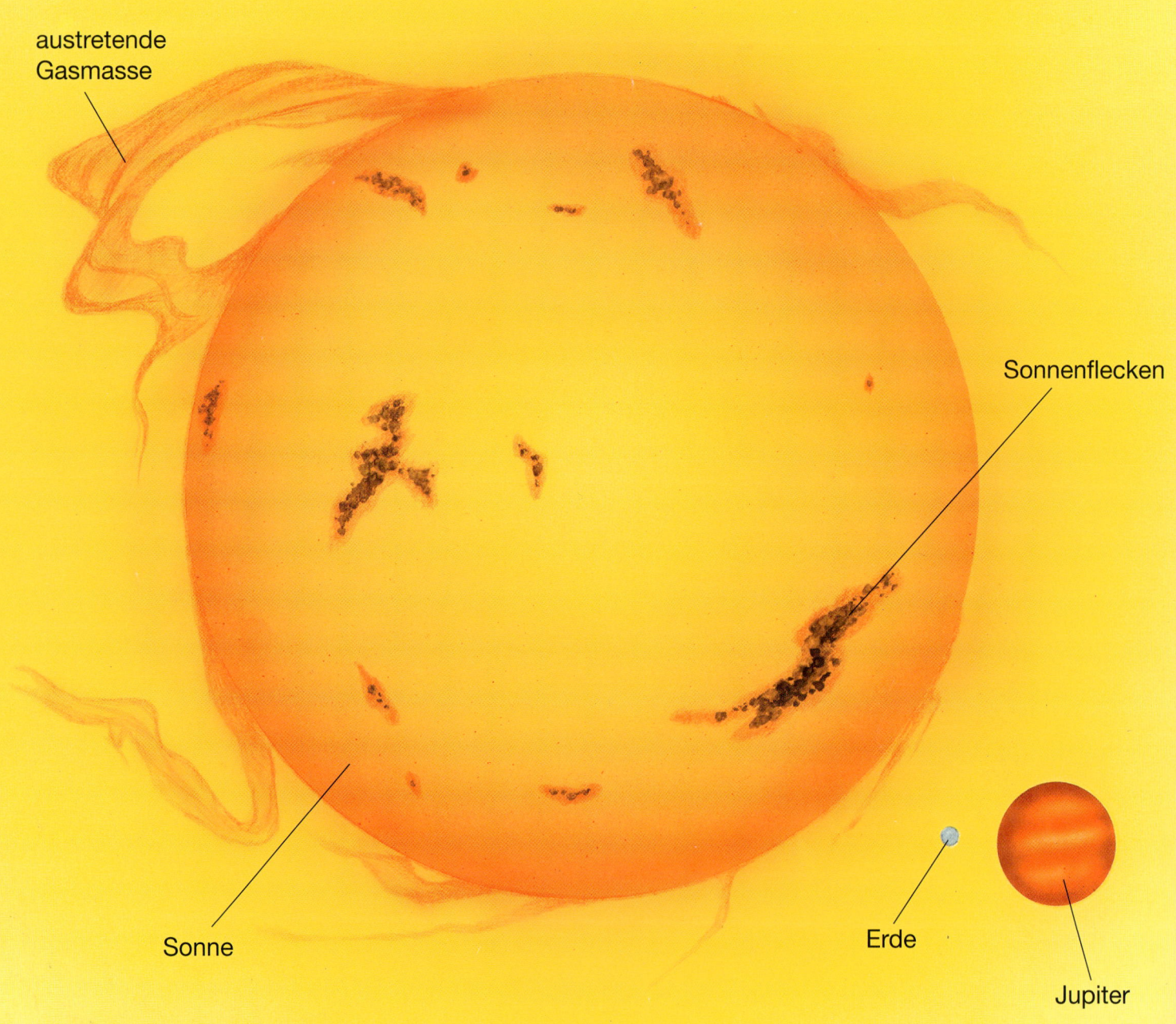

austretende Gasmasse

Sonnenflecken

Sonne

Erde

Jupiter

12

Die Sonne

Durchmesser:	1.390.000 km
Masse:	333.000 Erdmassen
Umdrehungszeit am Äquator:	25,4 Tage
Oberflächenschwerkraft:	28fache Erdschwerkraft
Oberflächentemperatur:	5.780° C
Alter:	5 Milliarden Jahre

Die Sonne leuchtet so hell wie
fast 4 Millionen Milliarden Milliarden
100-Watt-Glühbirnen auf einmal. Deshalb
darf man auch niemals direkt in die Sonne
schauen – man könnte blind werden.

Die Physik des Kosmos

Es waren die Himmelsforscher, die sich als Erste damit befasst haben, die Gesetzmäßigkeiten des Universums zu ergründen. Forscher wie Galilei, Newton oder Einstein haben die wissenschaftlichen Grundlagen der heutigen Physik geschaffen und die Geheimnisse von Naturgesetzen wie der Schwerkraft oder der Lichtgeschwindigkeit enträtselt.

Schwerkraft und Fliehkraft

1687 veröffentlichte Isaac Newton das „Gravitationsgesetz" und die Gesetze der „Himmelsmechanik". Er konnte damit erstmals erklären, was die Himmelskörper auf ihren Bahnen hält und

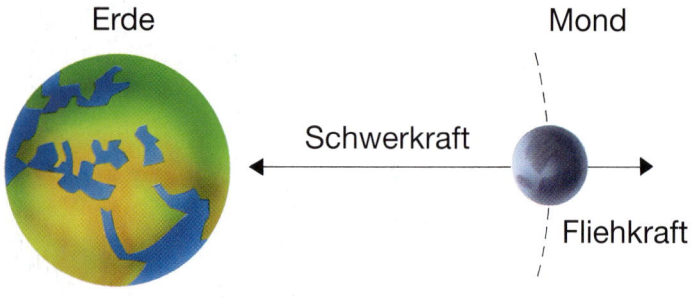

Erde   Mond

Schwerkraft

Fliehkraft

beispielsweise verhindert, dass der Mond auf die Erde stürzt. Newton hatte entdeckt, dass alle Körper sich gegenseitig anziehen. Je größer die Masse der beteiligten Körper ist, desto größer ist die Anziehungskraft zwischen ihnen. Man nennt diese Massenanziehung auch „Gravitation" oder „Schwerkraft".

Die Gravitation bewirkt, dass die 81-mal massereichere Erde den Mond in eine fast kreisförmige Umlaufbahn zwingt. Dadurch entsteht eine so genannte „Fliehkraft", die der Erdanziehung genau entgegengesetzt ist.

Die auf den Mond einwirkende Schwerkraft und Fliehkraft halten einander die Waage. Gemeinsam sorgen sie dafür, dass der Mond die Erde in einer sicheren Bahn umkreist. Daher wird er nie auf sie herabfallen oder von ihr fortfliegen.

Lichtgeschwindigkeit

Das Licht ist die wichtigste Botschaft, die wir von den Sternen erhalten. Denn das Licht, das sie ausstrahlen, verrät uns den Standort, die Entfernung, Geschwindigkeit, Helligkeit, Farbe, Größe, Zusammensetzung und vieles mehr über diese Himmelskörper. Daher ist es für Sternenforscher wichtig zu wissen, wie schnell das Licht durch den Weltraum reist.

Dem dänischen Astronomen Ole Römer gelang 1675 als Erstem eine Berechnung der Lichtgeschwindigkeit. Er maß die Zeit, die zwischen aufeinander folgenden Durchgängen der Jupitermonde hinter dem Riesenplaneten verstreicht. Römer stellte fest, dass der Zeitabstand umso länger ist, je weiter Erde und Jupiter voneinander entfernt sind. Aus diesen Messungen bestimmte er einen Wert, welcher der tatsächlichen Geschwindigkeit des Lichtes schon recht nahe kam.

Heute wissen wir: Die Ausbreitungsgeschwindigkeit des Lichtes beträgt fast 300.000 km/s.

Ein Lichtjahr ist die Entfernung, die das Licht in einem Erdjahr zurücklegt. Sie beträgt 9.460 Milliarden km.

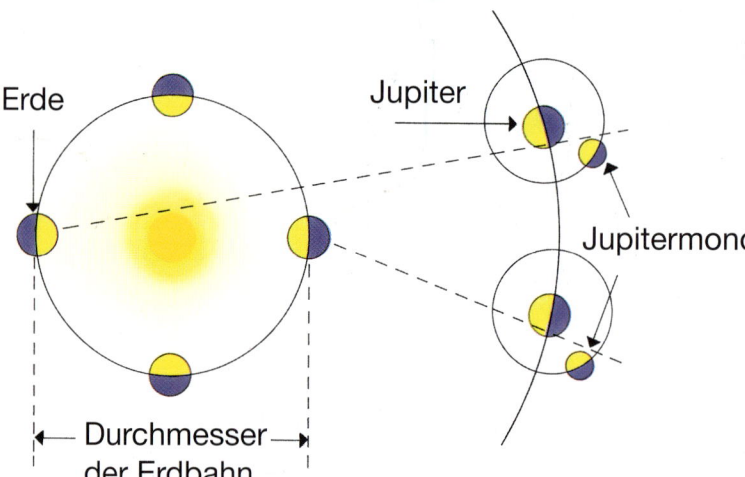

Erde   Jupiter

Jupitermond

Durchmesser der Erdbahn

Der dänische Astronom Ole Römer beobachtete zur Berechnung der Lichtgeschwindigkeit Erde und Jupiter.

Schwarze Löcher

Eine besonders große Rolle spielt die Gravitation bei Himmelskörpern, die beim Tod eines Riesensternes entstehen können.

Wenn ein Stern außergewöhnlich groß ist, geht er am Ende seines Lebens in einer grellen Supernova unter. Dabei wird seine äußere Hülle weit ins All hinausgesprengt.

Gleichzeitig wird sein Inneres so stark verdichtet, dass dieser Sonnenkern zu einem „Schwarzen Loch" wird.

Auf Kirschgröße geschrumpft würde auch die Erde zu einem „Schwarzen Loch".

In einem Schwarzen Loch ist auf engstem Raum ungeheuer viel Masse zusammengepresst. Seine Anziehungskraft wird hierdurch so groß, dass es alles verschlingt, was in seinen Einflussbereich gerät. Nicht einmal mehr Lichtstrahlen sind schnell genug, um seiner Gravitation entkommen zu können. Dieser Eigenschaft verdanken die Schwarzen Löcher auch ihren Namen.

Unser Heimatplanet Erde

Die Erde ist eine Kugel. Auf den ersten Blick mag es uns zwar nicht so vorkommen. Wenn wir nämlich zum Horizont schauen, sieht die Erde flach aus. Deshalb glaubten die Menschen früher, dass sie eine Scheibe sei. Dieser Eindruck ist jedoch falsch. Nur weil unser Heimatplanet so riesig groß ist, scheint er für unsere Wahrnehmung flach zu sein. Knapp über 40.000 km beträgt der Umfang der Erde. Allerdings ist unser Planet nicht völlig rund. Wegen der Erdumdrehung ist er am Nord- und Südpol ein wenig abgeflacht. Weniger als ein Drittel der Erdoberfläche ist trockenes, von Kontinenten und Inseln gebildetes Land. Der Rest wird von den Ozeanen und Meeren bedeckt. Diesem Umstand verdankt die Erde auch ihren Beinamen „Der Blaue Planet".

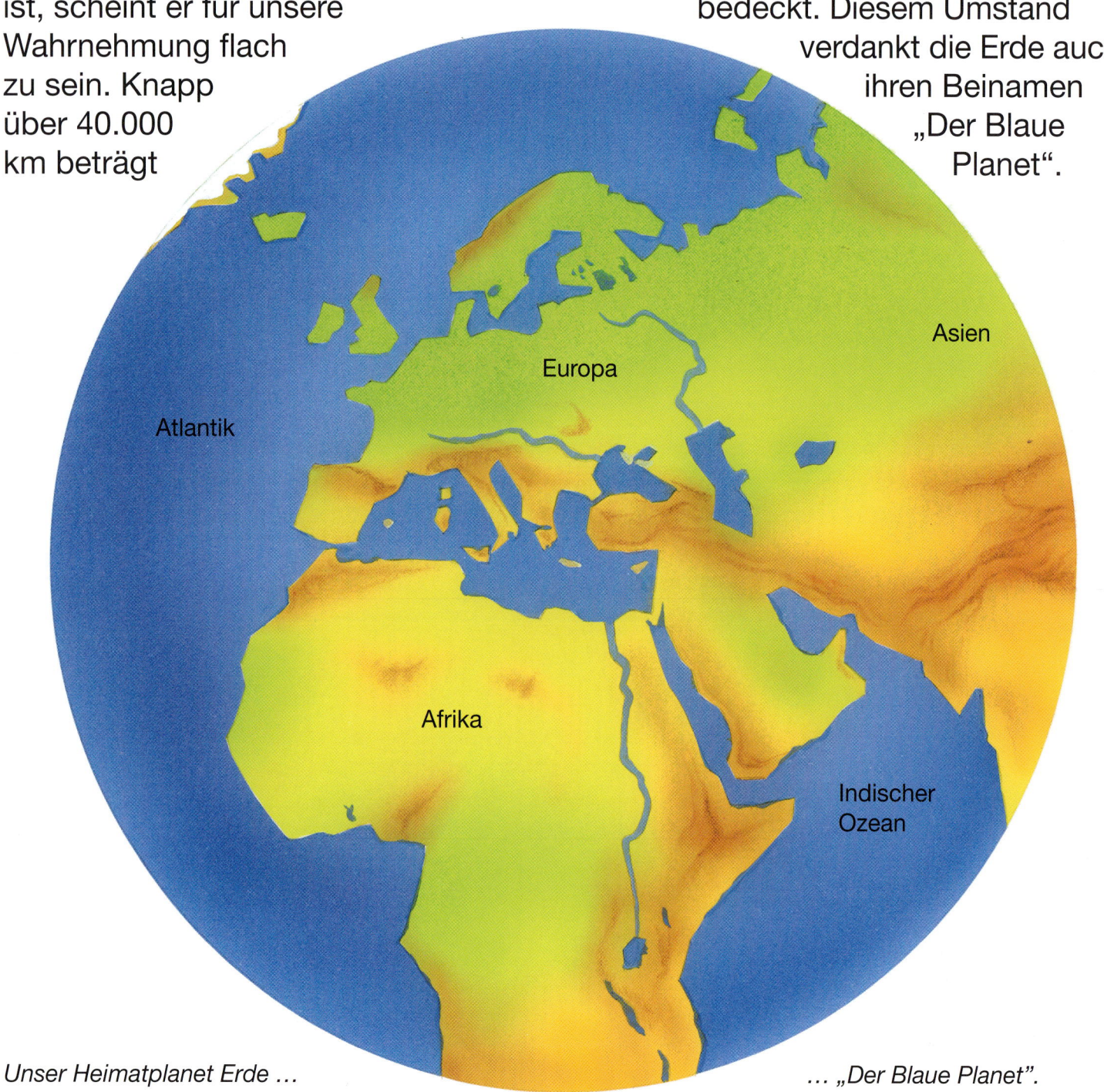

Atlantik

Europa

Asien

Afrika

Indischer Ozean

Unser Heimatplanet Erde …   *… „Der Blaue Planet".*

Die Erdbahn

Die Sonne ist der mächtigste Himmelskörper in unserer Nähe. Sie besitzt rund 745-mal mehr Masse als alle Planeten und Monde unseres Sonnensystems zusammen. Deshalb bildet sie den Mittelpunkt unseres Planetensystems.
Auch die Erde kreist um die Sonne.

Für einen vollen Umlauf braucht sie genau ein Jahr. Ihre Umlaufbahn ist allerdings nicht genau kreisförmig, sondern elliptisch. Sie hat die Form eines leicht gestauchten Kreises. Dadurch ändert sich der Abstand zwischen Erde und Sonne während eines Umlaufes ständig.

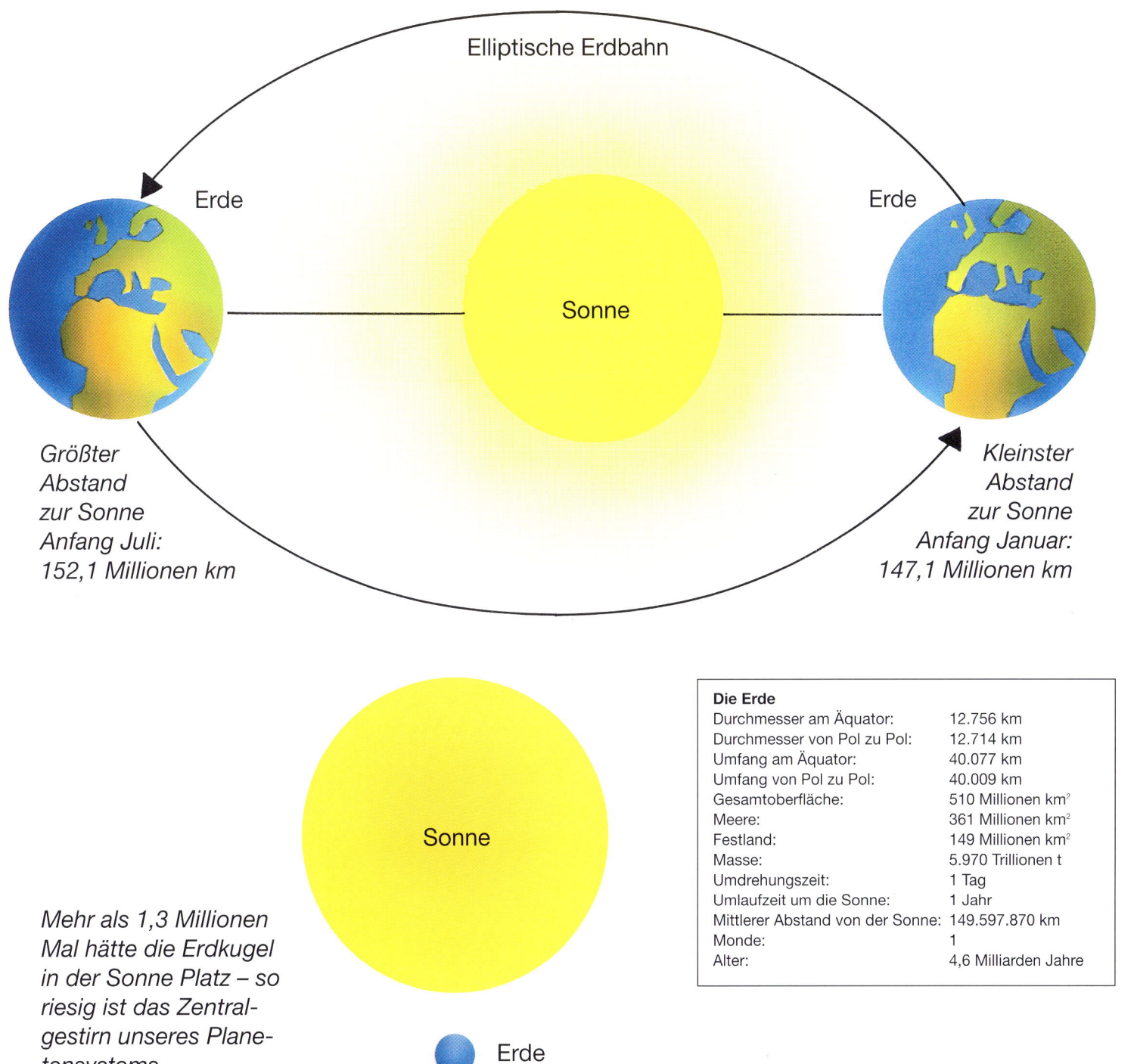

Elliptische Erdbahn

Erde

Sonne

Erde

Größter Abstand zur Sonne Anfang Juli: 152,1 Millionen km

Kleinster Abstand zur Sonne Anfang Januar: 147,1 Millionen km

Sonne

Mehr als 1,3 Millionen Mal hätte die Erdkugel in der Sonne Platz – so riesig ist das Zentralgestirn unseres Planetensystems.

Erde

Die Erde

Durchmesser am Äquator:	12.756 km
Durchmesser von Pol zu Pol:	12.714 km
Umfang am Äquator:	40.077 km
Umfang von Pol zu Pol:	40.009 km
Gesamtoberfläche:	510 Millionen km²
Meere:	361 Millionen km²
Festland:	149 Millionen km²
Masse:	5.970 Trillionen t
Umdrehungszeit:	1 Tag
Umlaufzeit um die Sonne:	1 Jahr
Mittlerer Abstand von der Sonne:	149.597.870 km
Monde:	1
Alter:	4,6 Milliarden Jahre

Die Entstehung der Erde

Entstanden ist unsere Erde aus dem gleichen Gas- und Staubnebel wie die Sonne.

Auch alle anderen Himmelskörper des Planetensystems bildeten sich aus dieser Urmaterie.

1. Der Urnebel geriet in Drehung und formte sich zu einer Scheibe. Deren Mitte verdichtete sich zu einem gewaltigen Gasball.

2. Schließlich leuchtete die Sonne auf. Um sie herum bildeten sich Staub- und Gasringe. Aus ihnen entstanden die Planeten.

3. Die Urerde war anfangs ein glutflüssiger Lavaball. Unzählige kleine Gesteinsbrocken klumpten sich zur Urerde zusammen.

4. Die Materiereste um die Urerde verdichteten sich allmählich zu einem weiteren Himmelskörper, dem Erdmond.

5. Die junge Erde und ihr Mond kühlten sich langsam ab und bekamen eine feste Oberfläche. Auf der Erde entstand eine Atmosphäre. Der Mond hingegen blieb ein luftloser Gesteinsball.

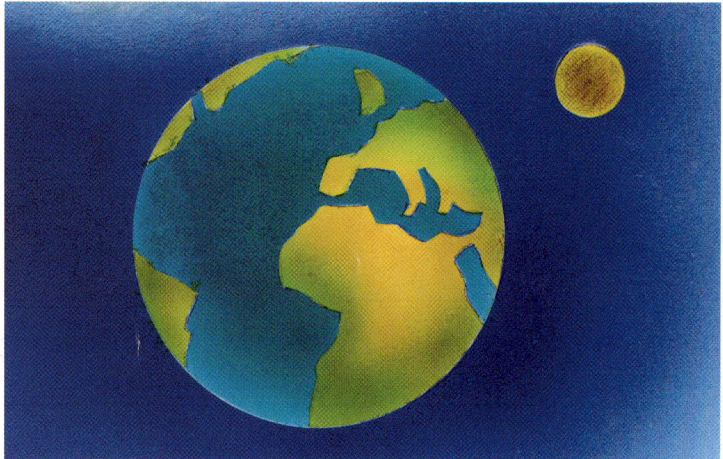

6. Auf der Erde bildeten sich Kontinente und Meere aus. Später entstand hier sogar Leben. In vielen Millionen Jahren entwickelte sich der Planet dann zu der Welt, die wir heute kennen.

Tag und Nacht

Die Erde ist eine Kugel. Deshalb kann die Sonne immer nur eine Hälfte der Erde beleuchten. Die andere Erdseite liegt währenddessen im Dunkeln. Und weil die Erde sich dreht, werden ständig andere Gebiete erhellt.

Tag

Nacht

Auf diese Weise geht die Sonne jeden Morgen im Osten auf, zieht über den Himmel und geht am Abend im Westen unter. Danach herrscht so lange Dunkelheit und Nacht, bis abermals ein neuer Tag anbricht. Allerdings geschieht dies an verschiedenen Orten der Erde auch zu verschiedenen Zeiten. Wenn in Deutschland die Sonne aufgeht, geht sie auf der gegenüberliegenden Seite der Erdkugel gerade unter. Während bei uns Tag ist, ist in Australien oder China Nacht und umgekehrt.

Die Jahreszeiten

Während die Erde um die Sonne kreist, dreht sie sich auch um sich selbst. Allerdings ist die Drehachse der Erde etwas geneigt gegenüber ihrer Bahnebene um die Sonne. Die Erdachse steht also sozusagen „schräg". Dadurch werden die Nord- und die Südhalbkugel im Laufe eines Jahres unterschiedlich stark von der Sonne beschienen.

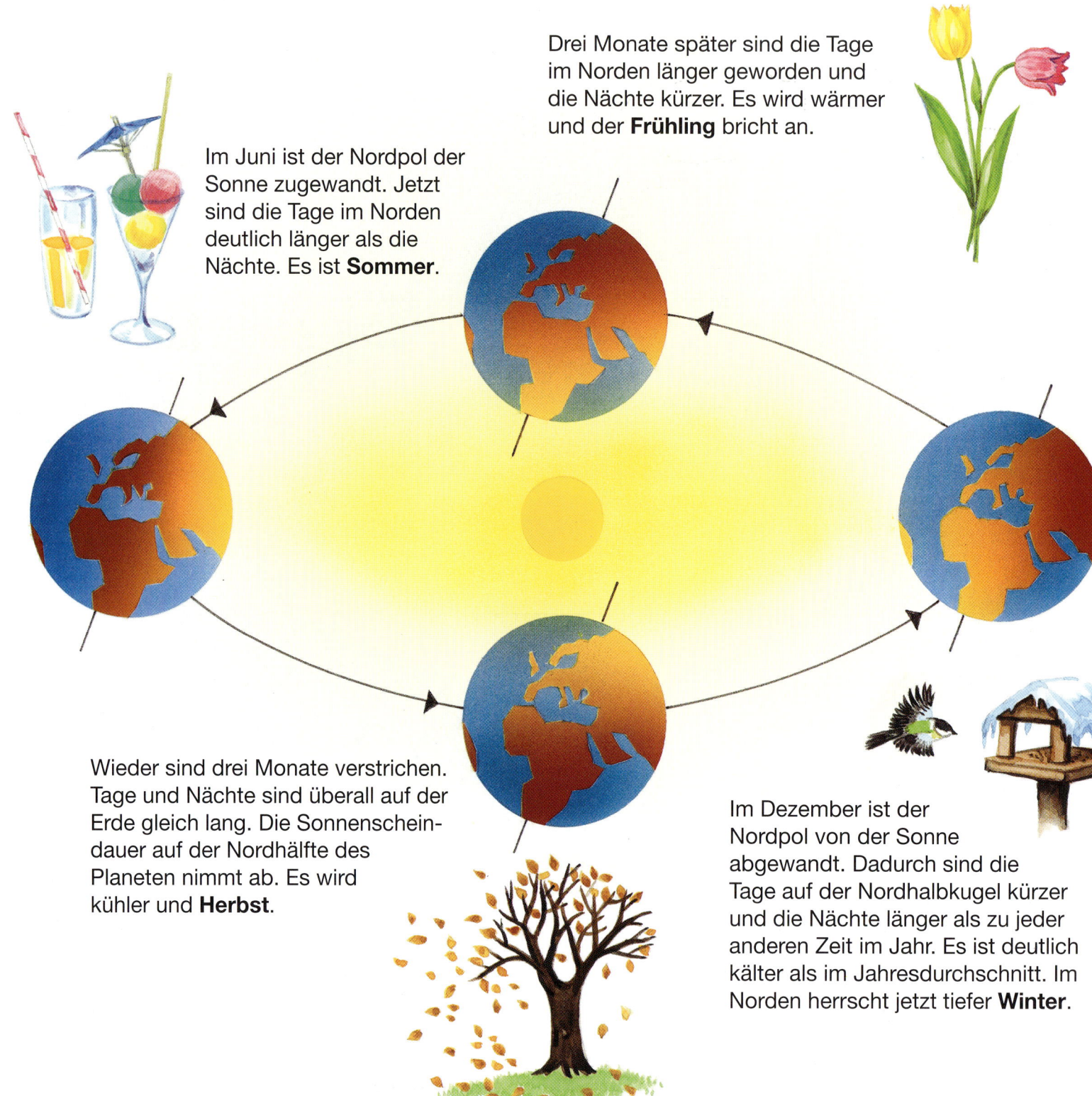

Drei Monate später sind die Tage im Norden länger geworden und die Nächte kürzer. Es wird wärmer und der **Frühling** bricht an.

Im Juni ist der Nordpol der Sonne zugewandt. Jetzt sind die Tage im Norden deutlich länger als die Nächte. Es ist **Sommer**.

Wieder sind drei Monate verstrichen. Tage und Nächte sind überall auf der Erde gleich lang. Die Sonnenschein-dauer auf der Nordhälfte des Planeten nimmt ab. Es wird kühler und **Herbst**.

Im Dezember ist der Nordpol von der Sonne abgewandt. Dadurch sind die Tage auf der Nordhalbkugel kürzer und die Nächte länger als zu jeder anderen Zeit im Jahr. Es ist deutlich kälter als im Jahresdurchschnitt. Im Norden herrscht jetzt tiefer **Winter**.

Die Lufthülle der Erde

Die Erde ist ringsum von einer dünnen Schicht aus Gasen umgeben, der Atmosphäre. Es ist dieser Luftmantel, der uns das Atmen ermöglicht. Die Atmosphäre besteht am Erdboden zu fast vier Fünfteln aus Stickstoffgas. Nur rund ein Fünftel der Erdluft ist jener Sauerstoff, den wir zum Überleben benötigen.

Die Luft in der Atmosphäre wird immer dünner, je weiter man sich vom Erdboden entfernt. Auch die Temperatur und Zusammensetzung der Lufthülle ändern sich mit der Höhe. Die Erdatmosphäre ist aus verschiedenen Schichten aufgebaut, die fließend ineinander übergehen.

Die Troposphäre enthält rund drei Viertel der Gesamtmasse der Erdatmosphäre. In ihr findet das gesamte Geschehen statt, das wir als „Wetter" kennen.

Darüber liegt die Stratosphäre mit der Ozonschicht. Diese Gasschicht schützt uns normalerweise vor den gefährlichen ultravioletten Anteilen des Sonnenlichtes. Weil wir Menschen aber allzu sorglos mit ozonschädigenden Abgasen umgegangen sind, wird die Ozonschicht heutzutage immer dünner. Es treten riesige „Ozonlöcher" auf, die immer mehr Krebs erregende Strahlen zur Erdoberfläche durchlassen.

Der Luftdruck ist die Kraft, die das Gewicht der Atmosphäre auf eine kleine Fläche des Erdbodens ausübt. Auf Meereshöhe wiegt die Luft rund 1 kg pro Fingernagelfläche.

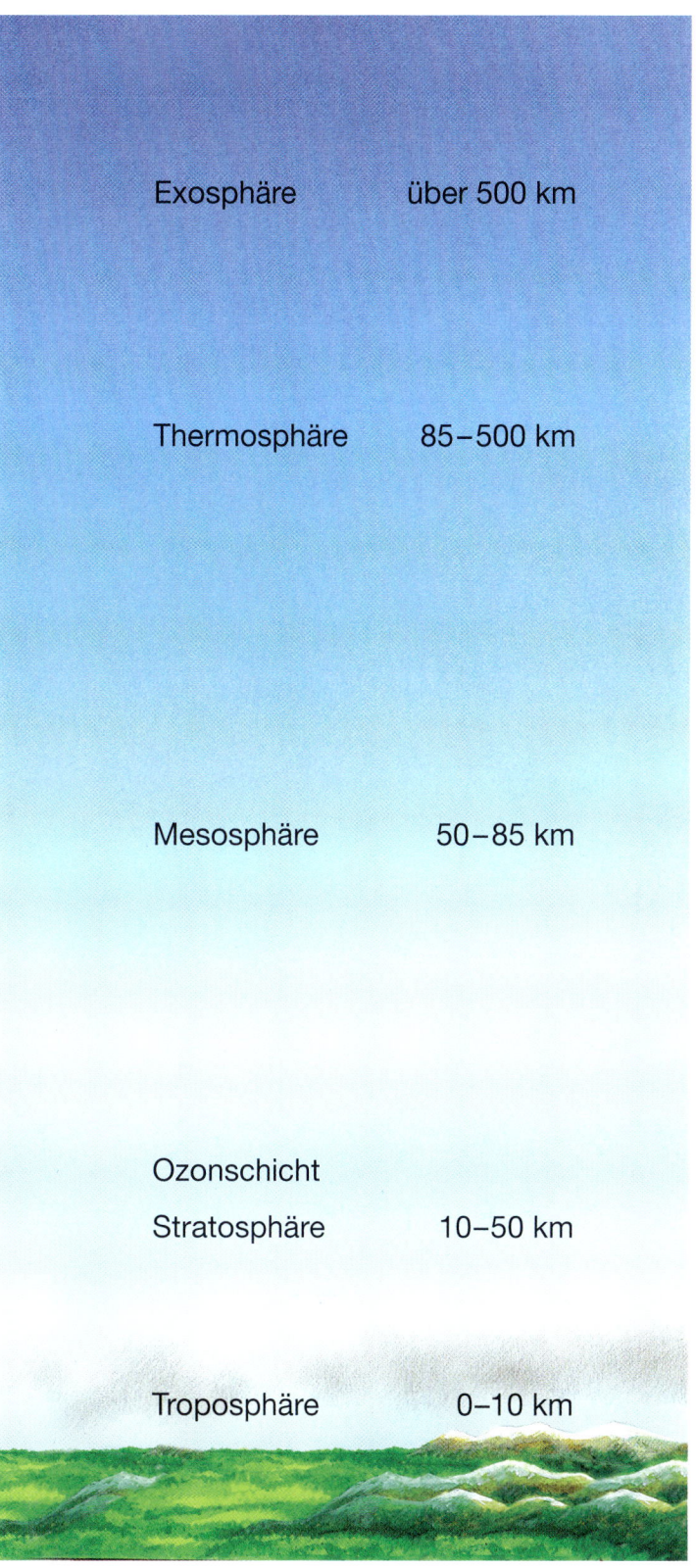

Exosphäre	über 500 km
Thermosphäre	85–500 km
Mesosphäre	50–85 km
Ozonschicht	
Stratosphäre	10–50 km
Troposphäre	0–10 km

Aufbau der Erdatmosphäre

Der Mond

Im Unterschied zur Erde ist der Mond ein toter Himmelskörper. Es gibt dort nirgends Wasser oder Luft, nur Staub und Geröll.
Der Mond hat keine Atmosphäre. Deshalb ist er auch nicht gegen die Meteoriten geschützt, die auf ihn niederprasseln. Dieser Geschosshagel hat dem Mond im Laufe vieler Jahrmillionen sein vernarbtes Aussehen gegeben.

Der Mond ist über und über mit vielen Tausenden Kratern übersät. Die größten von ihnen sind von mächtigen Ringgebirgen umgeben.

Der Mond

Durchmesser:	3.476 km
Masse:	0,012 Erdmassen
Umlaufzeit um die Erde:	27,322 Tage
Mittlerer Abstand von der Erde:	384.403 km
Kleinster Abstand von der Erde:	356.410 km
Größter Abstand von der Erde:	406.740 km
Oberflächenschwerkraft:	0,165 fache Erdschwerkraft

Die Mondlandung

Am 21. Juli 1969 betrat Neil Armstrong als erster Mensch den Mond. Mit den Worten „ein kleiner Schritt für einen Menschen, aber ein riesiger Sprung für die Menschheit" setzte er seinen Fuß in den Mondstaub. Zum ersten Mal hatte ein Mensch einen fremden Himmelskörper betreten. Kurz nach Armstrong kletterte Edwin Aldrin aus der Mondlandefähre „Eagle" (Adler). Gemeinsam mit ihrem Kameraden Michael Collins waren die drei amerikanischen Astronauten mit der Raumkapsel „Apollo 11" zum Mond aufgebrochen.

Nach ihnen gelangten noch zehn weitere Astronauten auf den Mond. Bei den Missionen Apollo 15, 16 und 17 verfügten die Raumfahrer sogar über ein „Mondauto".

Die Astronauten machten zahlreiche Experimente auf dem Mond und installierten Forschungsgeräte. Sie brachten auf ihren sechs Flügen insgesamt 384 kg Mondmaterial auf unsere Welt zurück. Die Untersuchung dieser Mondproben enthüllte viel Neues über die Entstehungsgeschichte und Natur des Erdtrabanten. Nach Apollo 17 wurde das Mondprogramm eingestellt. Seither ist kein Mensch je wieder auf einem anderen Himmelskörper gewesen. Stattdessen hat sich die Weltraumfahrt auf unbemannte Raumsonden oder erdnahe Raumstationen konzentriert.

Mond und Monat

Für eine volle Erdumkreisung braucht der Mond 27,3 Tage. Während dieser Zeit hat sich die Erde aber ein Stück weiter um die Sonne bewegt. Deshalb verstreichen immer 29,5 Tage zwischen zwei gleichen Mondphasen.

Früher maß man die Zeit in „Monden" zu je 29,5 Tagen. Aus diesem Brauch leitet sich das Wort „Monat" und die Unterteilung eines Sonnenjahres in 12 Monate ab.

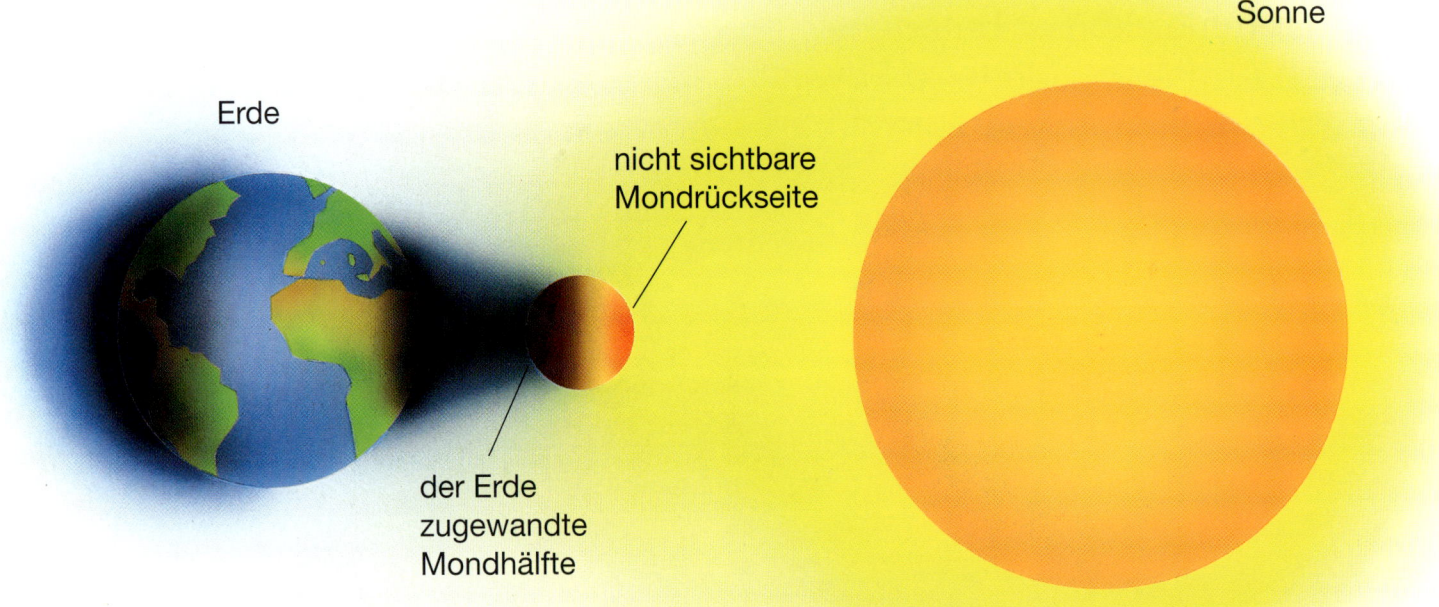

Erde

nicht sichtbare Mondrückseite

der Erde zugewandte Mondhälfte

Sonne

Auch der Mond dreht sich um sich selbst. Jede volle Mondumdrehung dauert 27,3 Tage. Das ist genau die gleiche Zeit, die der Mond für einen vollen Erdumlauf braucht. Deshalb wendet der Mond der Erde immer die gleiche Seite zu. Seine Rückseite können wir nie sehen.

Mars

Augustus

Juno

Noch heute verwenden wir die gleichen Namen für die Kalendermonate, die schon vor über 2000 Jahren von den alten Römern benutzt wurden. Der römische Kriegsgott Mars ist beispielsweise Namensgeber für den Monat März. Der August ist nach dem römischen Kaiser Augustus benannt. Und die altrömische Göttin Juno ist die Namenspatronin des Sommermonates Juni.

Die Mondphasen

Wenn wir zum Mond emporschauen, sieht er jeden Tag ein wenig anders aus. Mal ist er eine runde Scheibe, mal ein Halbkreis, mal nur eine schmale Sichel. Natürlich schrumpft und wächst der Mond nicht wirklich.

Er bleibt immer gleich groß. Dass wir den Mond meist nur teilweise sehen, liegt daran, dass er nicht selbst leuchtet. Er wird lediglich von der Sonne erhellt. Deren Widerschein können wir dann auf der Erde sehen.

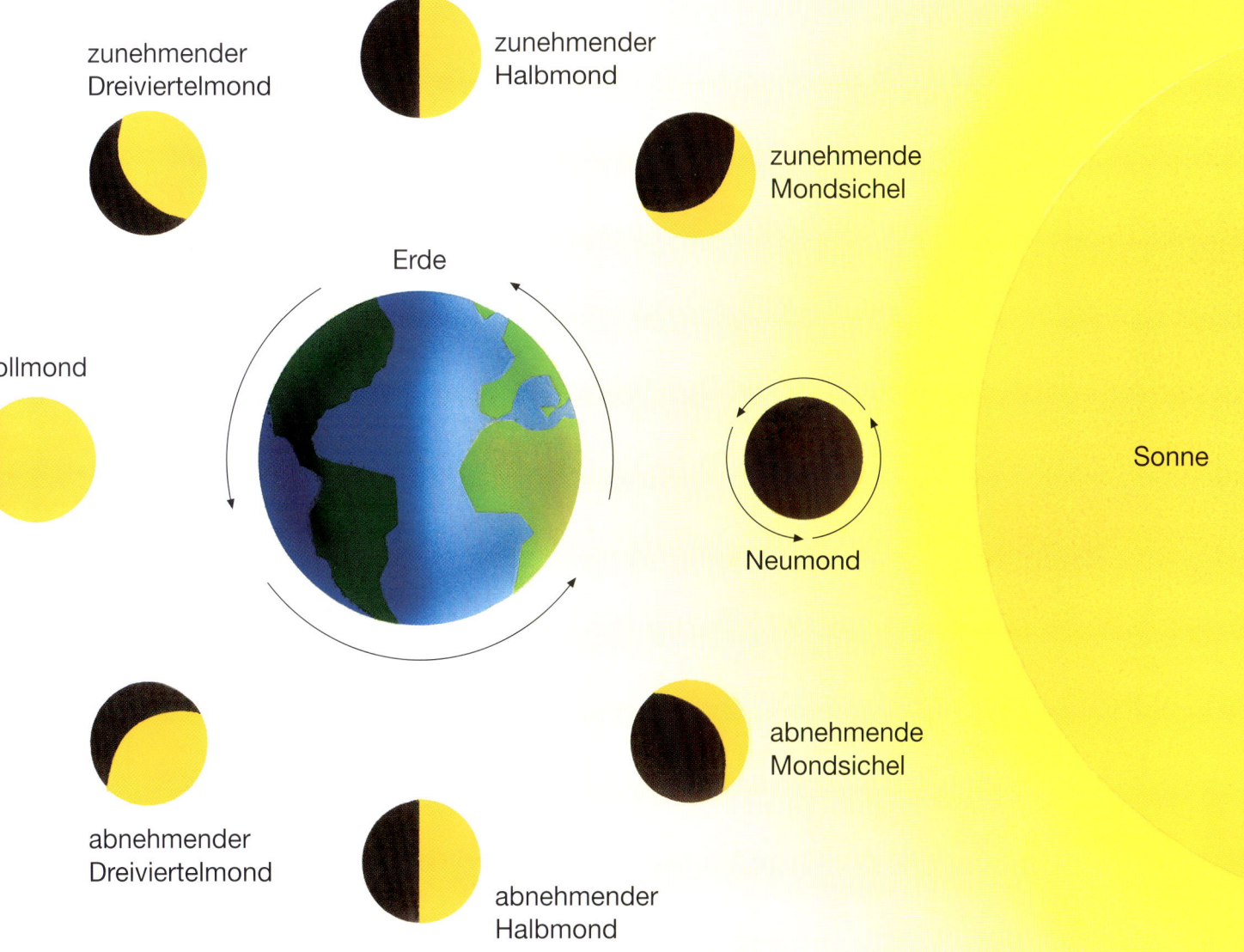

zunehmender Dreiviertelmond

zunehmender Halbmond

zunehmende Mondsichel

Erde

Vollmond

Sonne

Neumond

abnehmende Mondsichel

abnehmender Dreiviertelmond

abnehmender Halbmond

Weil der Mond um die Erde kreist, verändert sich die Stellung von Mond, Sonne und Erde zueinander ständig. Nur wenn sich Sonne und Mond von der Erde aus gesehen einander gegenüberstehen, haben wir die gesamte erleuchtete Mondseite im Blick. Dann ist Vollmond.

Wenn Sonne und Mond dicht nebeneinander am Himmel stehen, können wir die angestrahlte Mondseite gar nicht sehen. Dann ist Neumond.
Auf dem Weg dazwischen wechselt die Lichtgestalt des Mondes. Er nimmt ab und wieder zu. Man nennt das auch die „Mondphasen".

Sonnen- und Mondfinsternis

Es kommt immer wieder vor, dass sich Sonne, Mond und Erde alle drei genau in einer Linie aufreihen. Steht der Mond zwischen Sonne und Erde, kommt es zu einer Sonnenfinsternis. Die Mondscheibe verdeckt den Blick auf die Sonnenscheibe und wirft einen Schatten auf die Erde. Dadurch kann es am helllichten Tage bis zu 7,5 Minuten lang nachtschwarz werden.

Allerdings ist der Schatten des Mondes sehr viel kleiner als die Erde. Deshalb kann man eine Sonnenfinsternis nicht überall gleichzeitig beobachten. Bei einer Mondfinsternis ist es die Erde, die sich zwischen Sonne und Mond schiebt. Dann tritt der Mond in den Erdschatten ein und verdunkelt sich. Eine totale Mondfinsternis kann bis zu zwei Stunden andauern. Die nächste wird sich am 16. Mai 2003 ereignen.

Sonnenfinsternis

Mondfinsternis

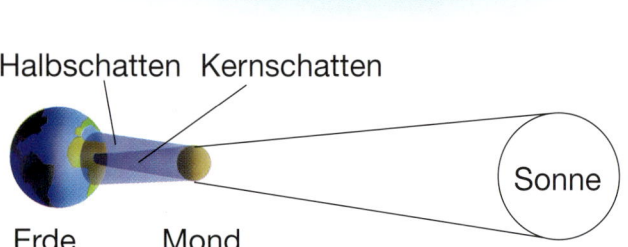

Halbschatten   Kernschatten

Erde   Mond   Sonne

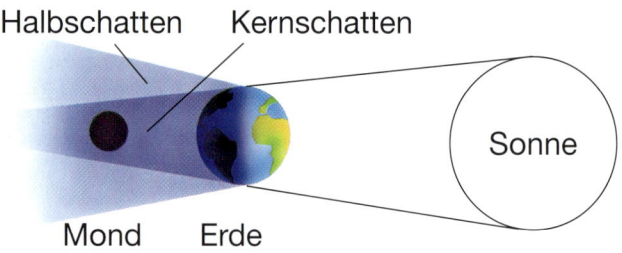

Halbschatten   Kernschatten

Mond   Erde   Sonne

Eine „totale" Sonnenfinsternis herrscht dann, wenn der Mond die Sonne vollständig verdeckt. Dann ist nur noch ein sonst unsichtbarer Strahlenkranz um die Sonne zu erkennen. Diesen Kranz nennt man die „Korona".

Selbst bei einer totalen Finsternis verdunkelt sich der Mond nie ganz. Es gelangt durch Streuung in der Erdatmosphäre immer noch ein wenig Sonnenlicht zum Mond. Deshalb bleibt er als schwache, blassrötliche Scheibe sichtbar.

Ebbe und Flut

Welchen Einfluss der Mond auf die Erde hat, spüren wir an den Gezeiten. Die Anziehungskraft des Mondes hebt das Wasser der Weltmeere auf der Erdseite an. So entsteht direkt unter ihm ein „Flutberg". Gleichzeitig weicht das Wasser von den Küsten zurück. Das nennt man Ebbe.

Auf der dem Mond abgewandten Seite geschieht etwas Ähnliches. Dort lässt die Fliehkraft ebenfalls einen Flutberg entstehen. Wie wir wissen, dreht sich die Erde um sich selbst. Und mit der Erddrehung wandern auch die beiden Flutberge weiter. Wenn sie an eine Küste gelangen, steigt der Meeresspiegel dort. Das nennt man Flut.

Dieser Wechsel von Ebbe und Flut vollzieht sich jeden Tag zweimal. Etwas über sechs Stunden nach der Ebbe folgt die Flut, rund sechs weitere Stunden später herrscht wieder Ebbe. Darauf folgt erneut die Flut, und so geht es immer weiter.

6 Stunden später

Den Unterschied zwischen den Wasserständen bei Ebbe und Flut nennt man „Tidenhub". Er kann an manchen Meeresküsten bis zu 21 m betragen.

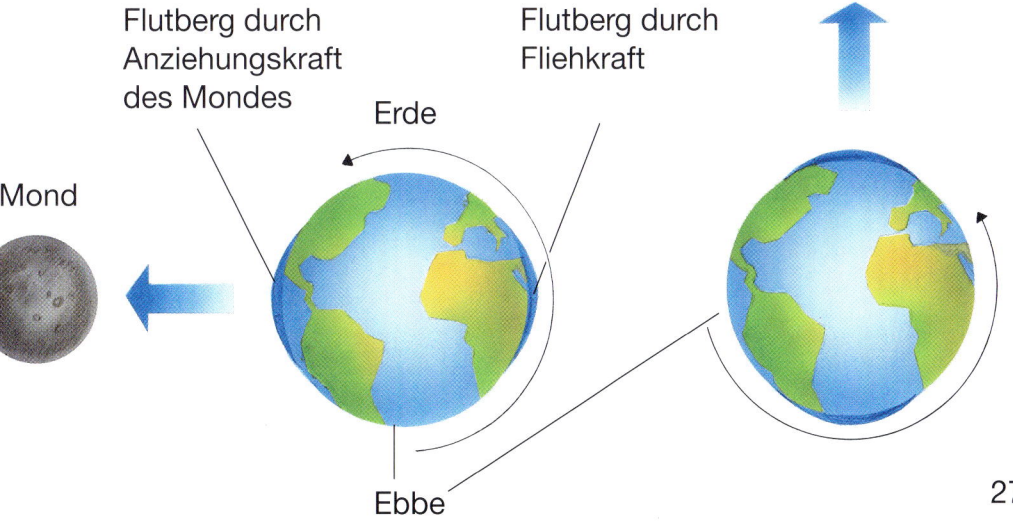

Flutberg durch Anziehungskraft des Mondes

Flutberg durch Fliehkraft

Erde

Mond

Ebbe

Der Merkur

Der Merkur ist der innerste Planet des Sonnensystems. Er ist nach dem altrömischen Gott des Handels benannt. Der Merkur kreist schneller um unser Zentralgestirn als alle anderen Planeten. Er braucht für einen Sonnenumlauf nur rund 88 Tage. Der Merkur ist eine tote, felsige Welt, die stark an unseren Mond erinnert. Der nach dem Pluto kleinste Planet ist rundum von unzähligen Kratern bedeckt. Auf seiner der Sonne zugewandten Seite wird es über 450° C heiß. Auf der Nachtseite sinkt die Temperatur auf unter −180° C ab.

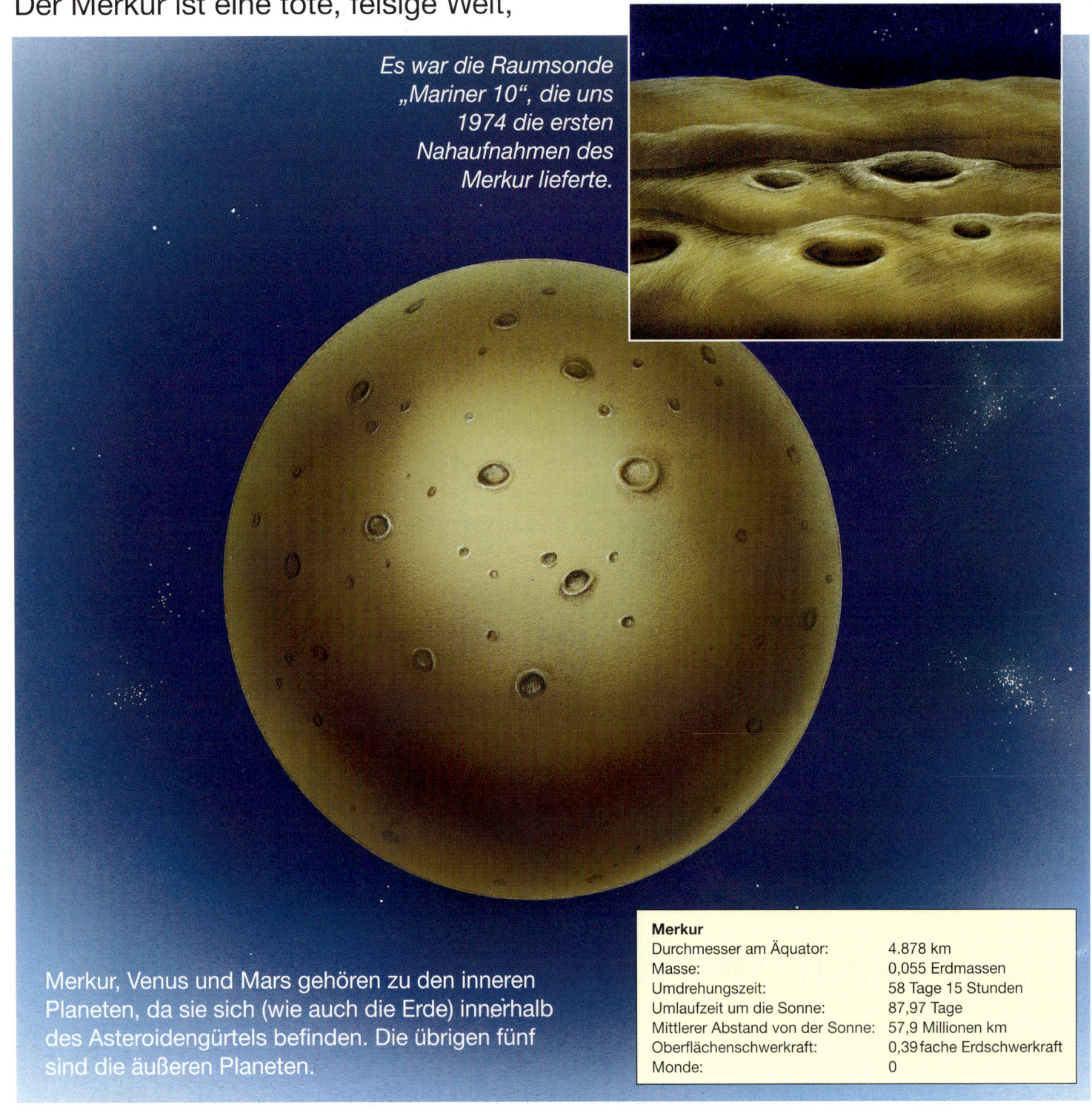

Es war die Raumsonde „Mariner 10", die uns 1974 die ersten Nahaufnahmen des Merkur lieferte.

Merkur, Venus und Mars gehören zu den inneren Planeten, da sie sich (wie auch die Erde) innerhalb des Asteroidengürtels befinden. Die übrigen fünf sind die äußeren Planeten.

Merkur

Durchmesser am Äquator:	4.878 km
Masse:	0,055 Erdmassen
Umdrehungszeit:	58 Tage 15 Stunden
Umlaufzeit um die Sonne:	87,97 Tage
Mittlerer Abstand von der Sonne:	57,9 Millionen km
Oberflächenschwerkraft:	0,39 fache Erdschwerkraft
Monde:	0

Die Venus

Die Venus ist nach Sonne und Mond der hellste Himmelskörper überhaupt. Sie ist nach der altrömischen Göttin des Frühlings, der Liebe und der Schönheit benannt.

Die Venus ist fast genauso groß wie die Erde und besitzt auch eine Atmosphäre. Allerdings ist diese Gashülle giftig und besteht hauptsächlich aus Kohlendioxid. Sie ist zudem während des ganzen Venusjahres über von einer undurchdringlichen Wolkendecke verhangen.

Die Venus ist eine lebensfeindliche, von riesigen, brodelnden Vulkanen und vielen Meteoritenkratern bedeckte Welt. Dort herrschen unerträglich heiße Temperaturen von über 460° C und ständige Stürme mit Geschwindigkeiten bis über 350 km/h.

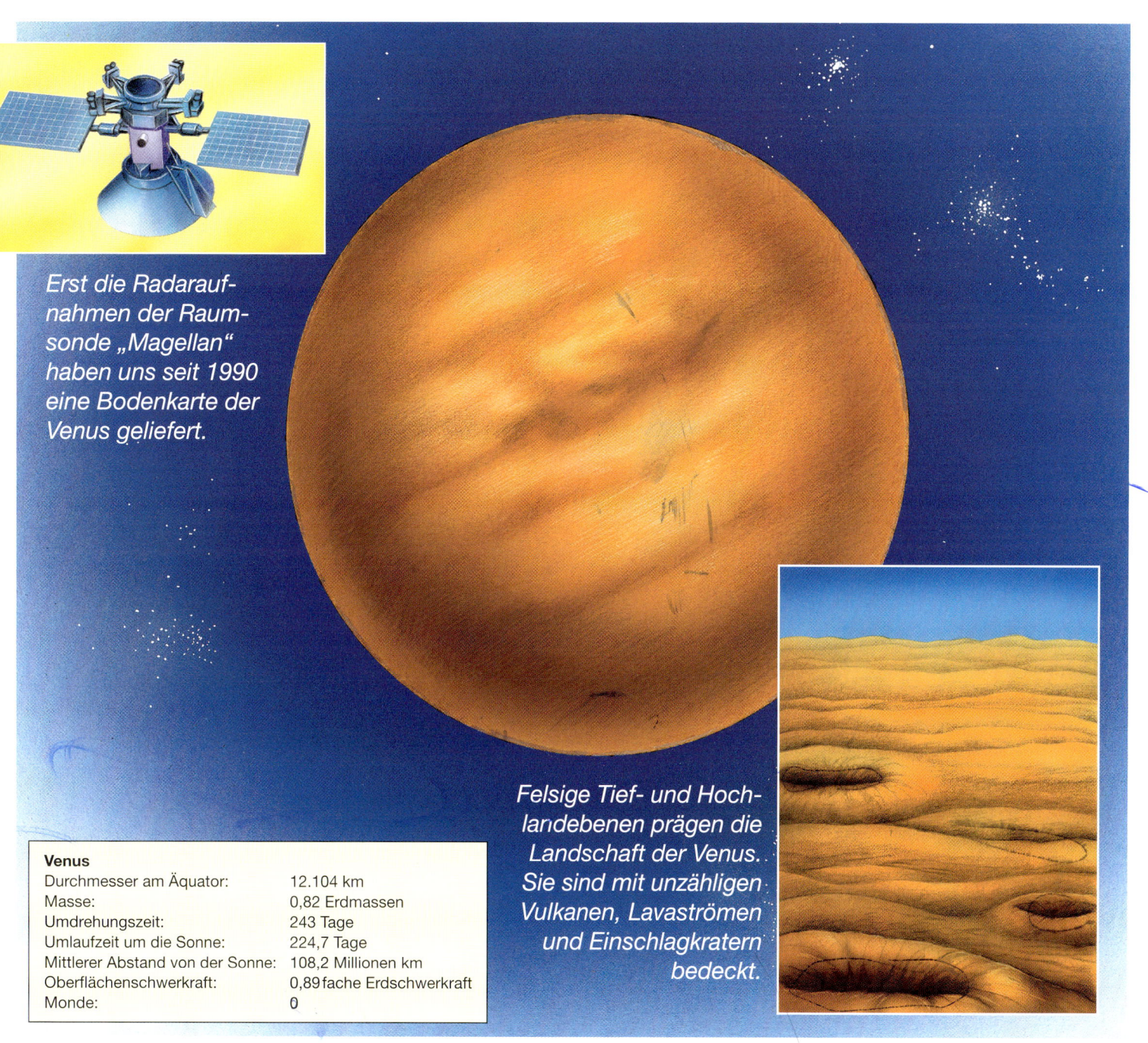

Erst die Radaraufnahmen der Raumsonde „Magellan" haben uns seit 1990 eine Bodenkarte der Venus geliefert.

Felsige Tief- und Hochlandebenen prägen die Landschaft der Venus. Sie sind mit unzähligen Vulkanen, Lavaströmen und Einschlagkratern bedeckt.

Venus

Durchmesser am Äquator:	12.104 km
Masse:	0,82 Erdmassen
Umdrehungszeit:	243 Tage
Umlaufzeit um die Sonne:	224,7 Tage
Mittlerer Abstand von der Sonne:	108,2 Millionen km
Oberflächenschwerkraft:	0,89 fache Erdschwerkraft
Monde:	0

Der Mars

Manchmal fast blutrot funkelt der Mars vom Himmel. Diesem Umstand verdankt er auch seinen Namen. Er heißt nach dem römischen Gott des Krieges. Seine Oberfläche ist mit stark eisenoxid-, also rosthaltigem Staub und Geröll bedeckt. Das verleiht ihm seine rötliche Farbe.

Der Mars hat die Fantasie der Menschen seit jeher angeregt. Früher glaubte man Wasserkanäle auf ihm zu erkennen. Man hielt ihn deshalb sogar für bewohnt. Nicht zuletzt durch mehrere Raumsonden wissen wir heute, dass der Mars eine lebensfeindliche Welt ist. Die Marsatmosphäre ist sehr dünn. Sie besteht vor allem aus Kohlendioxid. Häufig toben dort heftige Staubstürme. Ein Marstag ist nur knapp länger als ein Erdtag. Wasser ist auf dem Mars bisher nur an den vereisten Polen entdeckt worden.

Großes Aufsehen erregte die Marssonde „Pathfinder", der 1997 eine Landung auf dem Mars gelang. Sie führte ein kleines Roboterfahrzeug mit sich.

Mars	
Durchmesser am Äquator:	6.794 km
Masse:	0,11 Erdmassen
Umdrehungszeit:	24 Stunden 37 Minuten
Umlaufzeit um die Sonne:	687 Tage
Mittlerer Abstand von der Sonne:	227,9 Millionen km
Oberflächenschwerkraft:	0,38 fache Erdschwerkraft
Monde:	2

Der Asteroidengürtel

Zwischen den Bahnen von Mars und Jupiter kreist ein riesiger Ring aus Felsbrocken um die Sonne. Das ist der Asteroidengürtel. Er besteht aus vielen Milliarden unterschiedlich großer Gesteins- und Metallbrocken. Die inneren und äußeren Planeten werden durch ihn getrennt.

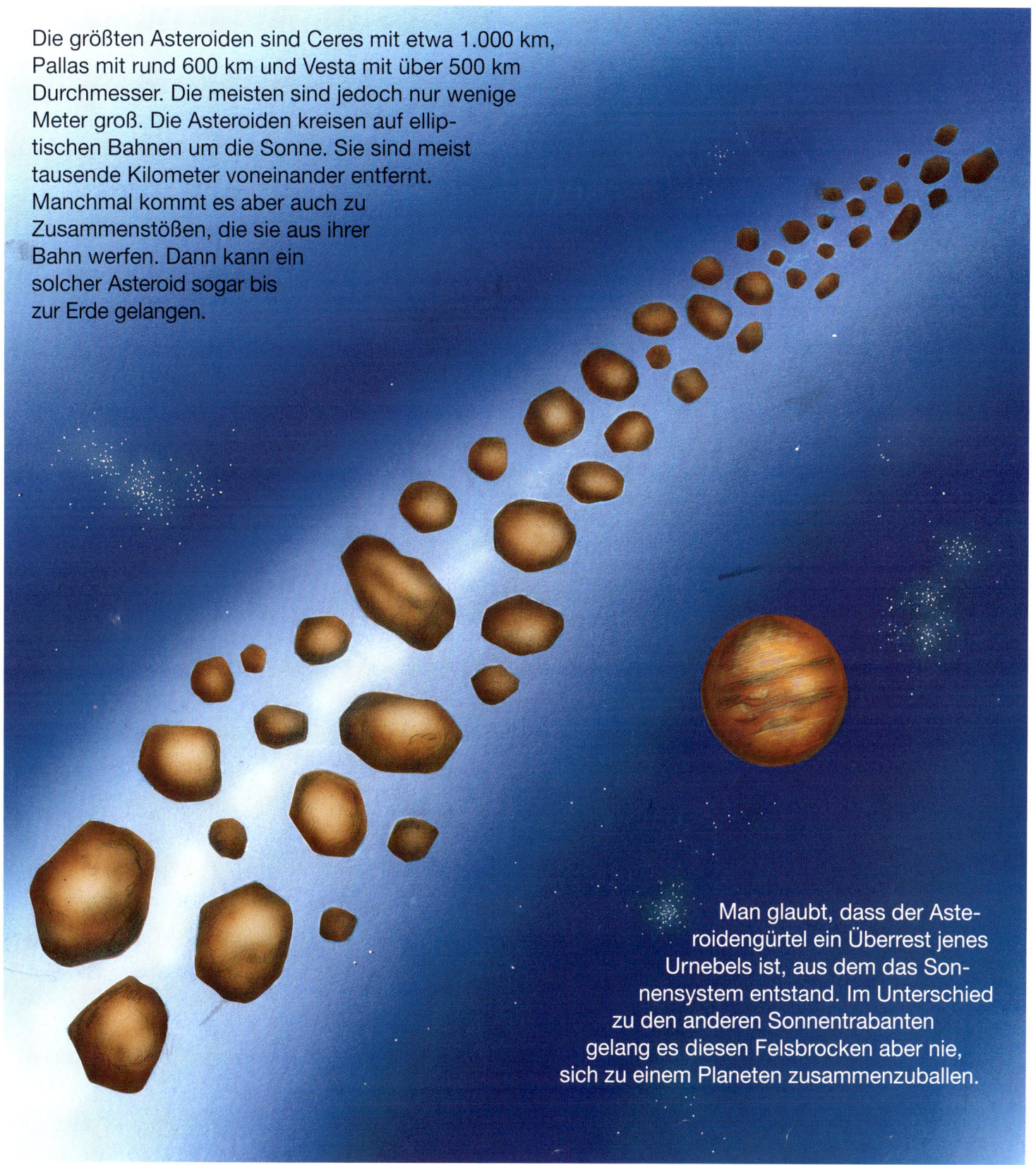

Die größten Asteroiden sind Ceres mit etwa 1.000 km, Pallas mit rund 600 km und Vesta mit über 500 km Durchmesser. Die meisten sind jedoch nur wenige Meter groß. Die Asteroiden kreisen auf elliptischen Bahnen um die Sonne. Sie sind meist tausende Kilometer voneinander entfernt. Manchmal kommt es aber auch zu Zusammenstößen, die sie aus ihrer Bahn werfen. Dann kann ein solcher Asteroid sogar bis zur Erde gelangen.

Man glaubt, dass der Asteroidengürtel ein Überrest jenes Urnebels ist, aus dem das Sonnensystem entstand. Im Unterschied zu den anderen Sonnentrabanten gelang es diesen Felsbrocken aber nie, sich zu einem Planeten zusammenzuballen.

Der Jupiter

Jupiter, der höchste Gott der alten Römer, ist ein passender Namensgeber für diesen Himmelskörper. Er ist der größte Planet unseres Sonnensystems. Er besitzt 318-mal mehr Masse als die Erde. 1335-mal hätte die Erde in der Jupiterkugel Platz. Sein Durchmesser ist über 11-mal größer als der Erddurchmesser. Der größte Unterschied zwischen Jupiter und Erde besteht in ihrem Aufbau. Die Erde ist eine Gesteinskugel mit einer hauchdünnen Gashülle. Der Jupiter ist eine Gaskugel mit höchstens einem kleinen Festkern und besteht hauptsächlich aus Wasserstoff- und Heliumgas. Tief im Innern des Riesenplaneten ist der Druck so hoch, dass seine Gasatmosphäre sich verflüssigt.

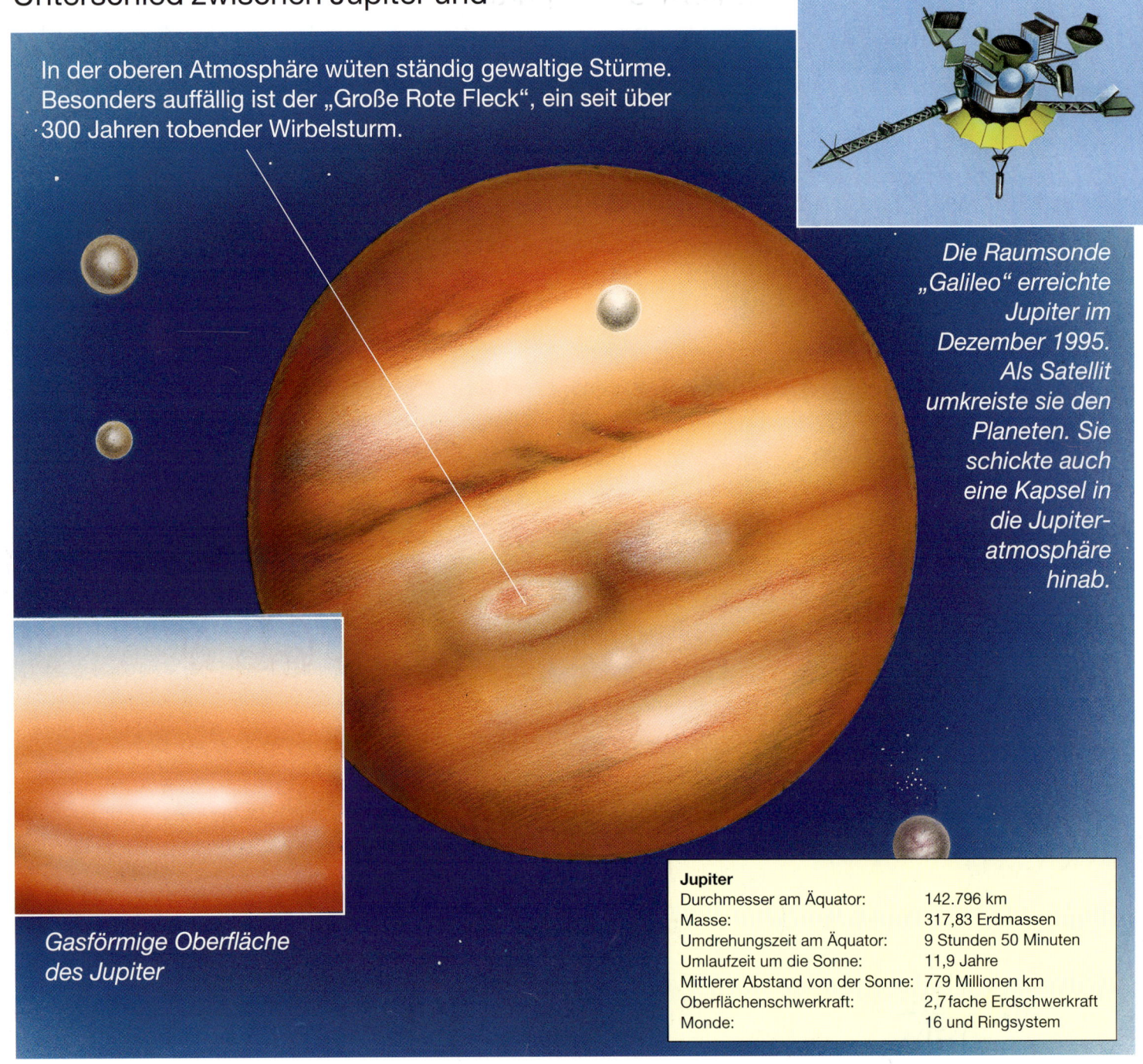

In der oberen Atmosphäre wüten ständig gewaltige Stürme. Besonders auffällig ist der „Große Rote Fleck", ein seit über 300 Jahren tobender Wirbelsturm.

Die Raumsonde „Galileo" erreichte Jupiter im Dezember 1995. Als Satellit umkreiste sie den Planeten. Sie schickte auch eine Kapsel in die Jupiteratmosphäre hinab.

Gasförmige Oberfläche des Jupiter

Jupiter	
Durchmesser am Äquator:	142.796 km
Masse:	317,83 Erdmassen
Umdrehungszeit am Äquator:	9 Stunden 50 Minuten
Umlaufzeit um die Sonne:	11,9 Jahre
Mittlerer Abstand von der Sonne:	779 Millionen km
Oberflächenschwerkraft:	2,7 fache Erdschwerkraft
Monde:	16 und Ringsystem

Der Saturn

Der zweitgrößte Planet des Sonnensystems ist nach dem altrömischen Gott des Acker-, Obst- und Weinbaus benannt. Er schimmert blaugrau. Der Saturn ist wie Jupiter ein Gasriese ohne feste Oberfläche. Seine beeindruckendste Besonderheit sind seine Ringe. Zwar hat man inzwischen festgestellt, dass alle Gasriesen ein Ringsystem besitzen. Das des Saturn ist jedoch das bei weitem prächtigste. Das Ringsystem ist in viele tausend verschieden breite Einzelringe unterteilt. Sie bestehen alle aus Milliarden Eis- und Staubklumpen. Ihre Größe reicht von mikroskopisch kleinen Körnchen bis zu Brocken von etwa 10 m Durchmesser. Sie umkreisen den Saturn ähnlich wie der Asteroidengürtel die Sonne.

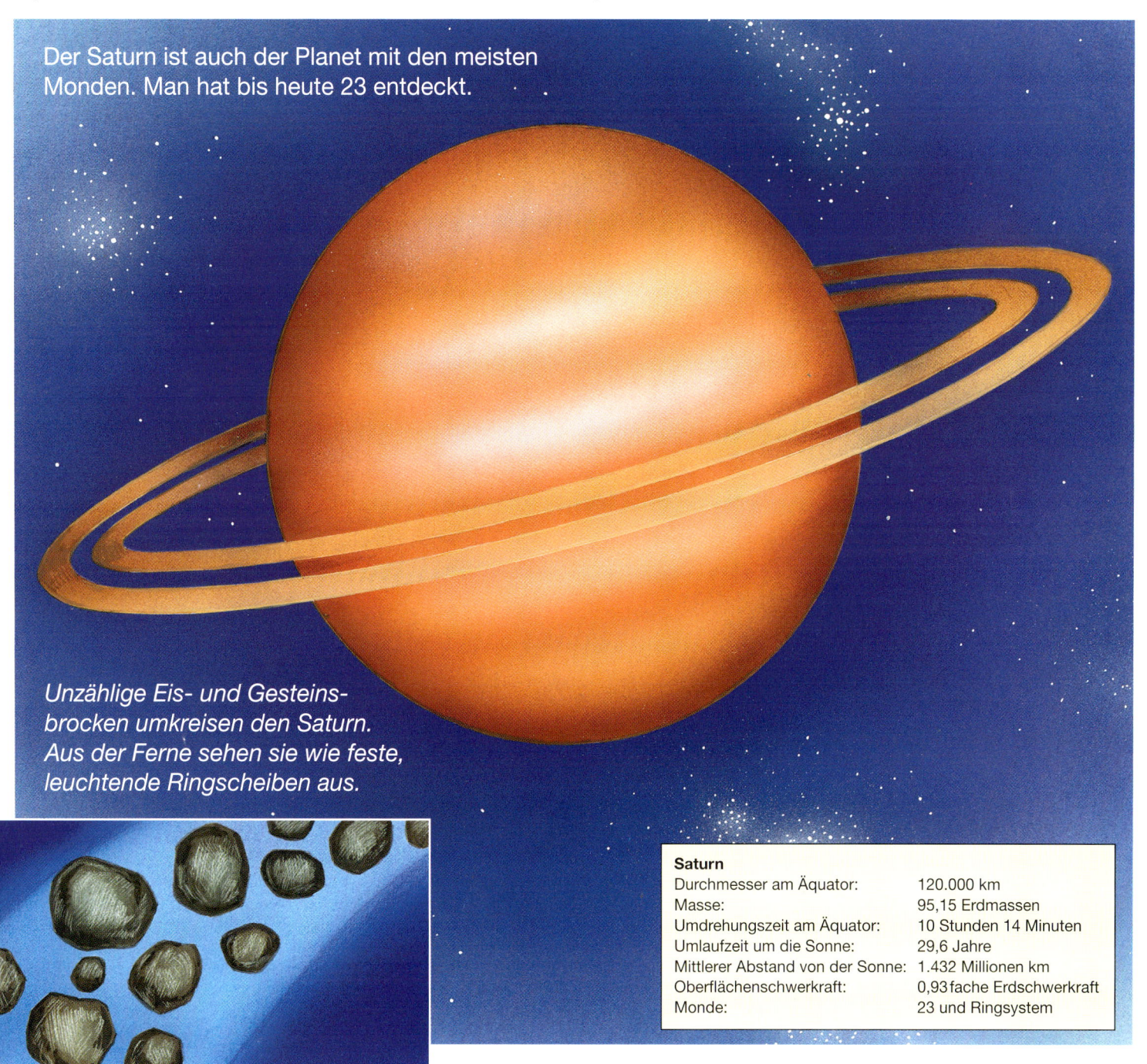

Der Saturn ist auch der Planet mit den meisten Monden. Man hat bis heute 23 entdeckt.

Unzählige Eis- und Gesteinsbrocken umkreisen den Saturn. Aus der Ferne sehen sie wie feste, leuchtende Ringscheiben aus.

Saturn	
Durchmesser am Äquator:	120.000 km
Masse:	95,15 Erdmassen
Umdrehungszeit am Äquator:	10 Stunden 14 Minuten
Umlaufzeit um die Sonne:	29,6 Jahre
Mittlerer Abstand von der Sonne:	1.432 Millionen km
Oberflächenschwerkraft:	0,93 fache Erdschwerkraft
Monde:	23 und Ringsystem

Der Uranus

Der Uranus wurde erst 1781 entdeckt. Er ist mit bloßem Auge nicht sichtbar, nur mithilfe eines Fernrohres. Sein Entdecker F. W. Herschel benannte den Planeten nach dem altgriechischen Gott des Himmels, Uranos. Auch der Uranus ist ein Gasriese mit einem Ringsystem und vielen Monden, wie es typisch für die äußeren Planeten ist. Er ist kälter als Jupiter und Saturn. Seine Wolken bestehen aus grünlich-blauen Methaneiskristallen.

Eine Besonderheit des Uranus ist seine Achsneigung. Seine Drehachse ist gegenüber der Ebene seiner Sonnenumlaufbahn so stark gekippt, dass sie sozusagen „flach" liegt.

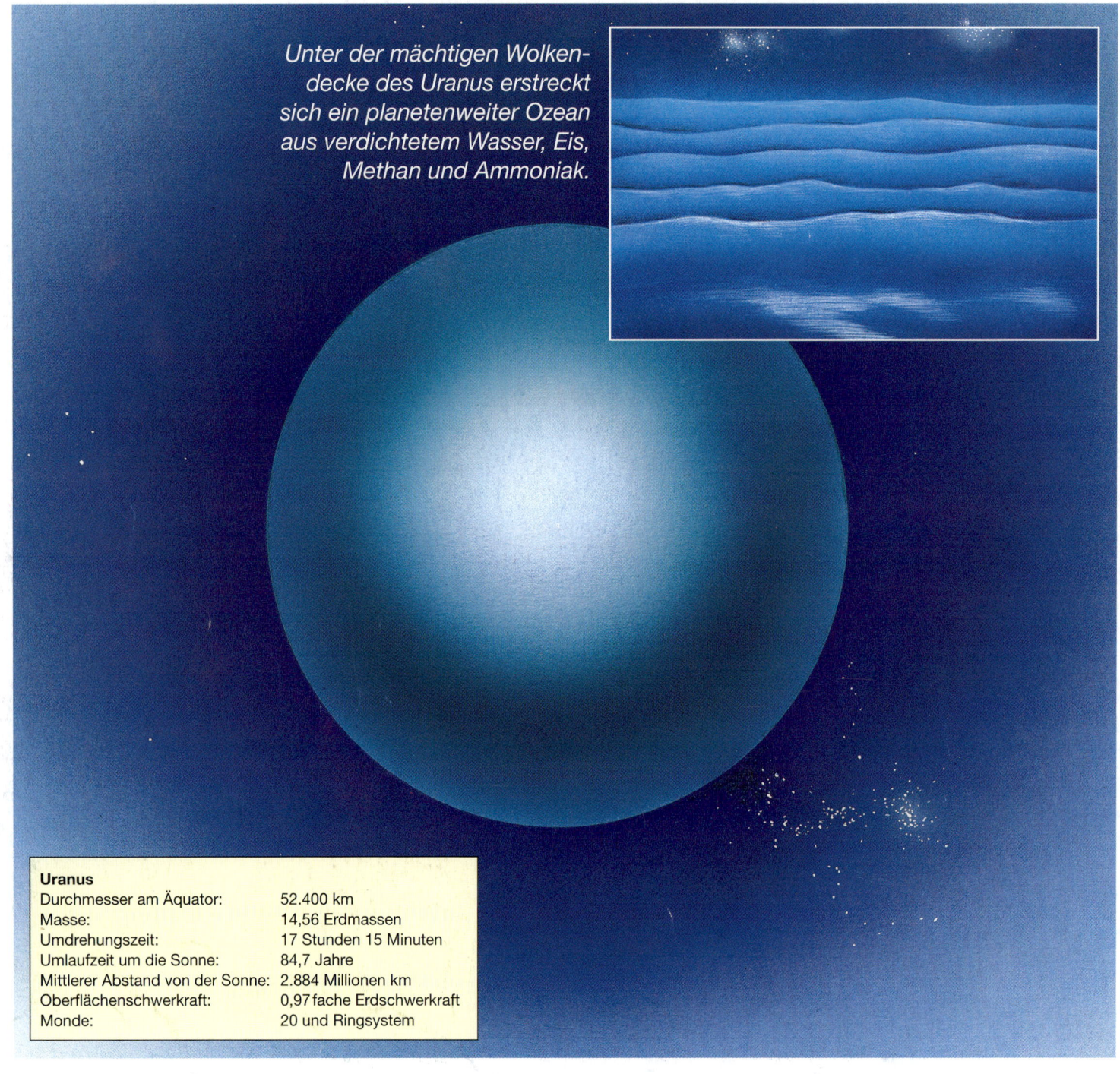

Unter der mächtigen Wolkendecke des Uranus erstreckt sich ein planetenweiter Ozean aus verdichtetem Wasser, Eis, Methan und Ammoniak.

Uranus

Durchmesser am Äquator:	52.400 km
Masse:	14,56 Erdmassen
Umdrehungszeit:	17 Stunden 15 Minuten
Umlaufzeit um die Sonne:	84,7 Jahre
Mittlerer Abstand von der Sonne:	2.884 Millionen km
Oberflächenschwerkraft:	0,97 fache Erdschwerkraft
Monde:	20 und Ringsystem

Der Neptun

Auch der Neptun konnte erst mithilfe des Teleskops entdeckt werden. Er wurde 1846 von Johann Galle aufgespürt, nachdem man Störungen der Uranusbahn untersucht hatte. Die Atmosphäre des Neptun enthält mehr Methangas als die der anderen Gasriesen. Deshalb hat er eine stark bläuliche, meerwasserähnliche Farbe. Er wurde passend nach dem altrömischen Meeresgott Neptun benannt. Wie auf dem Uranus ist es auch auf dem Neptun extrem kalt. Der Planet ist in einen dicken Eispanzer gehüllt und wird häufig von Stürmen heimgesucht.

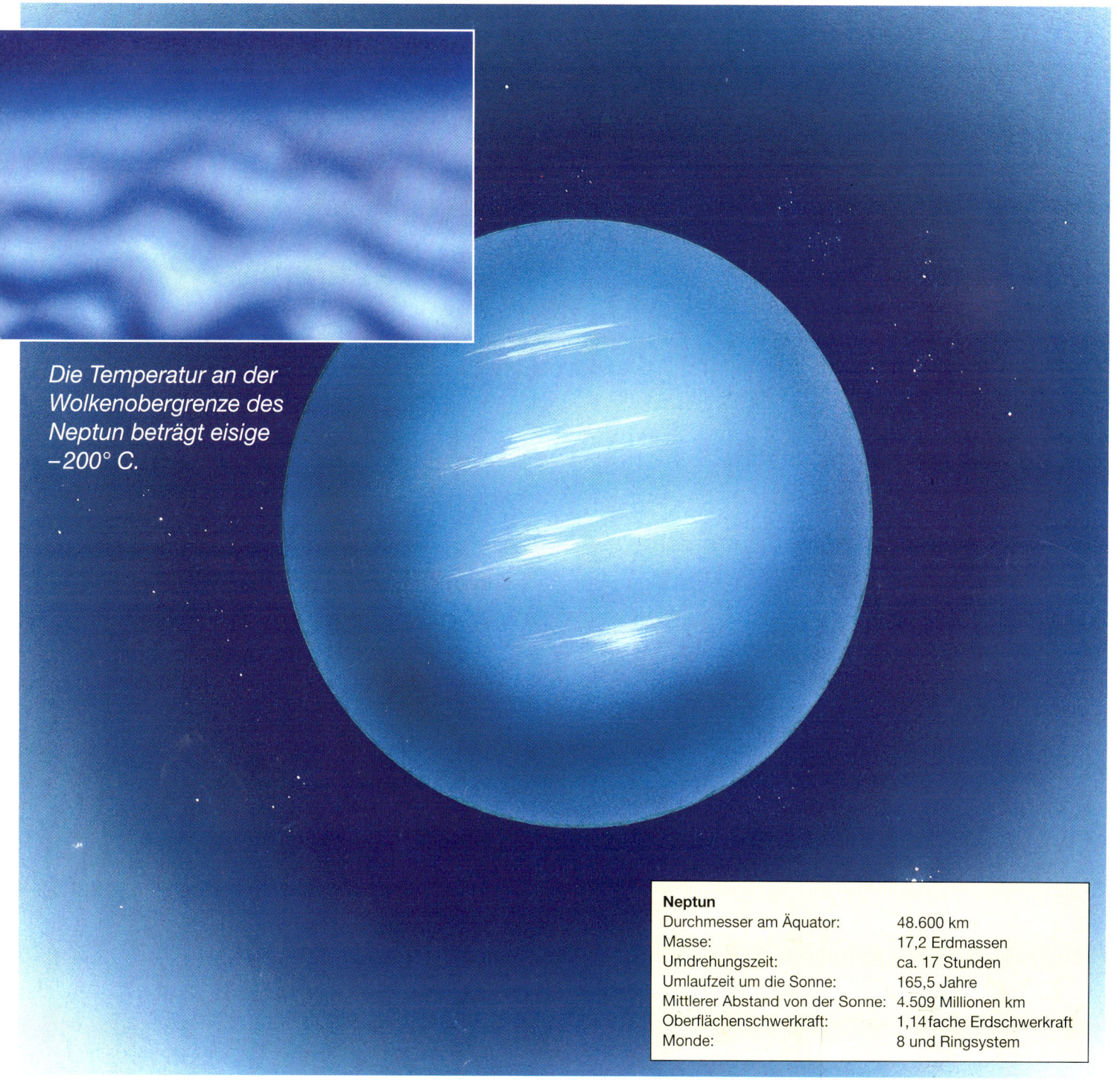

Die Temperatur an der Wolkenobergrenze des Neptun beträgt eisige −200° C.

Neptun

Durchmesser am Äquator:	48.600 km
Masse:	17,2 Erdmassen
Umdrehungszeit:	ca. 17 Stunden
Umlaufzeit um die Sonne:	165,5 Jahre
Mittlerer Abstand von der Sonne:	4.509 Millionen km
Oberflächenschwerkraft:	1,14 fache Erdschwerkraft
Monde:	8 und Ringsystem

Der Pluto

Der neunte und sonnenfernste Planet fällt aus dem Rahmen. Er ist nach vier Gasriesen wieder eine eisige Gesteinskugel und der kleinste Planet überhaupt. Pluto ist sogar kleiner als unser Erdmond.

Dennoch besitzt er einen eigenen Begleiter. Sein Mond Charon ist etwa halb so groß wie Pluto selbst. Man spricht daher oft auch von einem „Doppelplaneten". Auch die Bahn Plutos um die Sonne ist sehr ungewöhnlich. Ihr sonnennächster Punkt liegt innerhalb der Neptunbahn. Sie ist zudem stärker gekippt als bei allen anderen Planeten.

Der nach dem altgriechischen Unterweltgott Pluto benannte Planet wurde erst 1930 entdeckt. Sein Mond Charon sogar erst 1978.

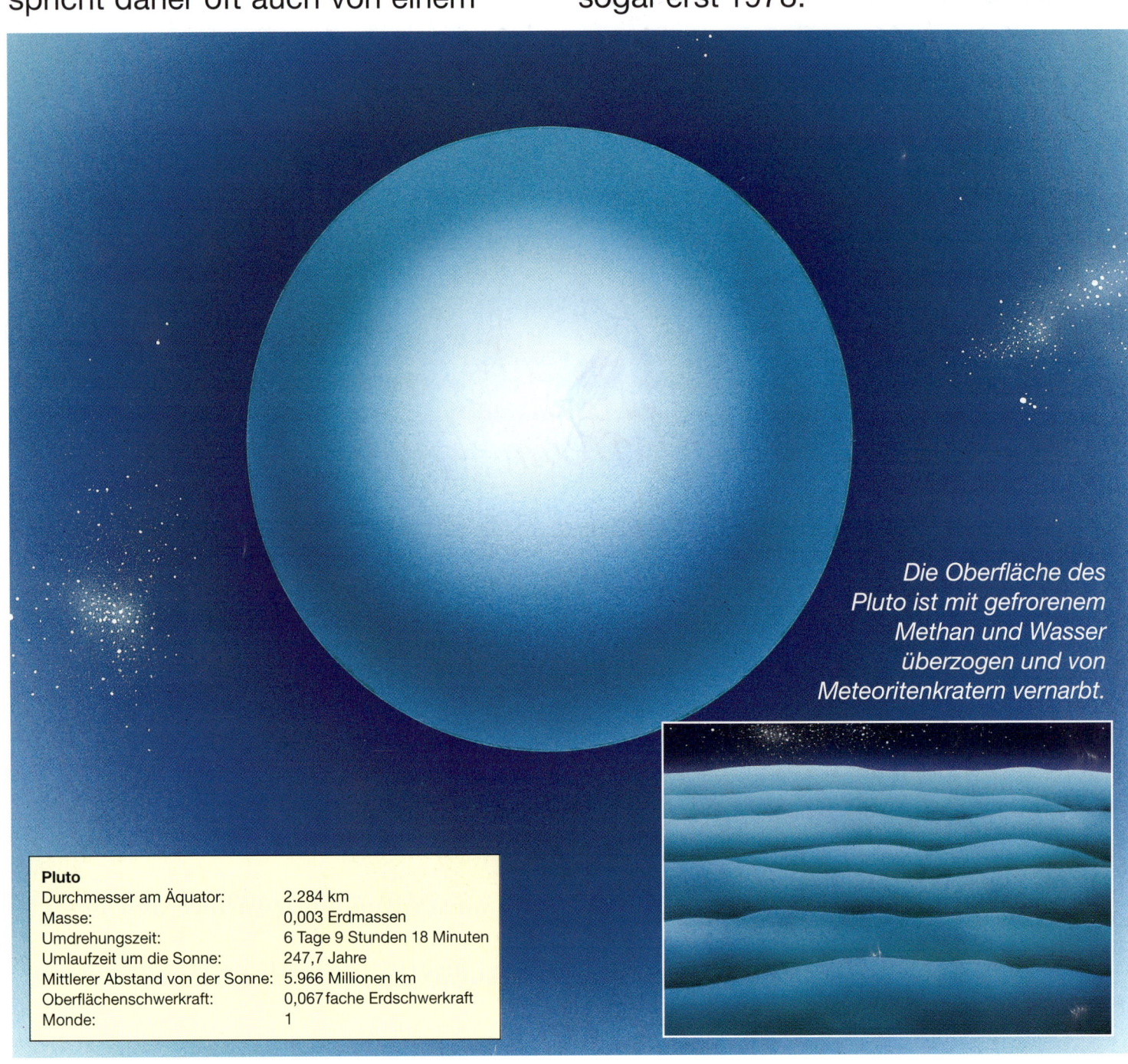

Die Oberfläche des Pluto ist mit gefrorenem Methan und Wasser überzogen und von Meteoritenkratern vernarbt.

Pluto

Durchmesser am Äquator:	2.284 km
Masse:	0,003 Erdmassen
Umdrehungszeit:	6 Tage 9 Stunden 18 Minuten
Umlaufzeit um die Sonne:	247,7 Jahre
Mittlerer Abstand von der Sonne:	5.966 Millionen km
Oberflächenschwerkraft:	0,067 fache Erdschwerkraft
Monde:	1

Weltraumbeobachtung

Früher besaßen die Astronomen nichts als ihre Augen, um die Sterne und Planeten zu beobachten. Erst die Erfindung des Fernrohres im Jahre 1608 ermöglichte einen Blick in fernere Tiefen des Alls. Mit dem Teleskop machte auch das Studium von Sonne, Mond und Planeten gewaltige Fortschritte. Immer bessere und größere Teleskope wurden gebaut. Es wurden sogar eigene Sternwarten zur Himmelsbeobachtung errichtet. Wegen der besseren Sicht stehen sie oftmals auf hohen Bergen.

Das Licht von fernen Sternen und Galaxien braucht Zeit, bis es zu uns gelangt. Pro Lichtjahr Entfernung genau ein Jahr. Das Licht eines 100 Lichtjahre entfernten Sternes braucht also 100 Jahre bis zur Erde. Jeder Blick ins All ist damit zugleich ein Blick in die Vergangenheit.

Radioteleskop zum Empfang von Funkwellen anderer Himmelskörper

Sternwarte mit Teleskop zur Himmelsbeobachtung

Manchmal sehen wir sogar das Licht von Sternen, die längst erloschen sind.

Weltraumforschung

Das gegenwärtig spannendste Projekt der Weltraumfahrt ist die internationale Raumstation ISS. Viele Nationen rund um den Erdball sind an dieser größten Baustelle im Weltraum beteiligt. Nach und nach entsteht in der Erdumlaufbahn eine Forschungsstation, die große Fortschritte für die Wissenschaft und Raumfahrt verspricht.
Die erste Ausbaustufe der ISS wurde im November 2000 in Betrieb genommen. Seither ist die Raumstation ständig mit einer Forschungsbesatzung bemannt. Im April/Mai 2001 beherbergte sie sogar den ersten Weltraumtouristen der Raumfahrtgeschichte.
Der Aufbau der ISS wird im Jahr 2006 abgeschlossen sein.

Solarzellen

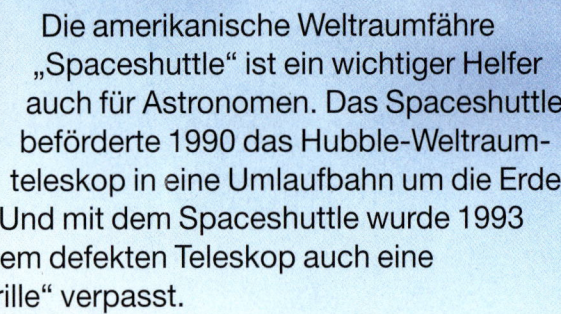

Die amerikanische Weltraumfähre „Spaceshuttle" ist ein wichtiger Helfer auch für Astronomen. Das Spaceshuttle beförderte 1990 das Hubble-Weltraumteleskop in eine Umlaufbahn um die Erde. Und mit dem Spaceshuttle wurde 1993 dem defekten Teleskop auch eine „Brille" verpasst.
Erst danach lieferte es viele der schönsten Aufnahmen des Sternenhimmels, die man je gesehen hat.

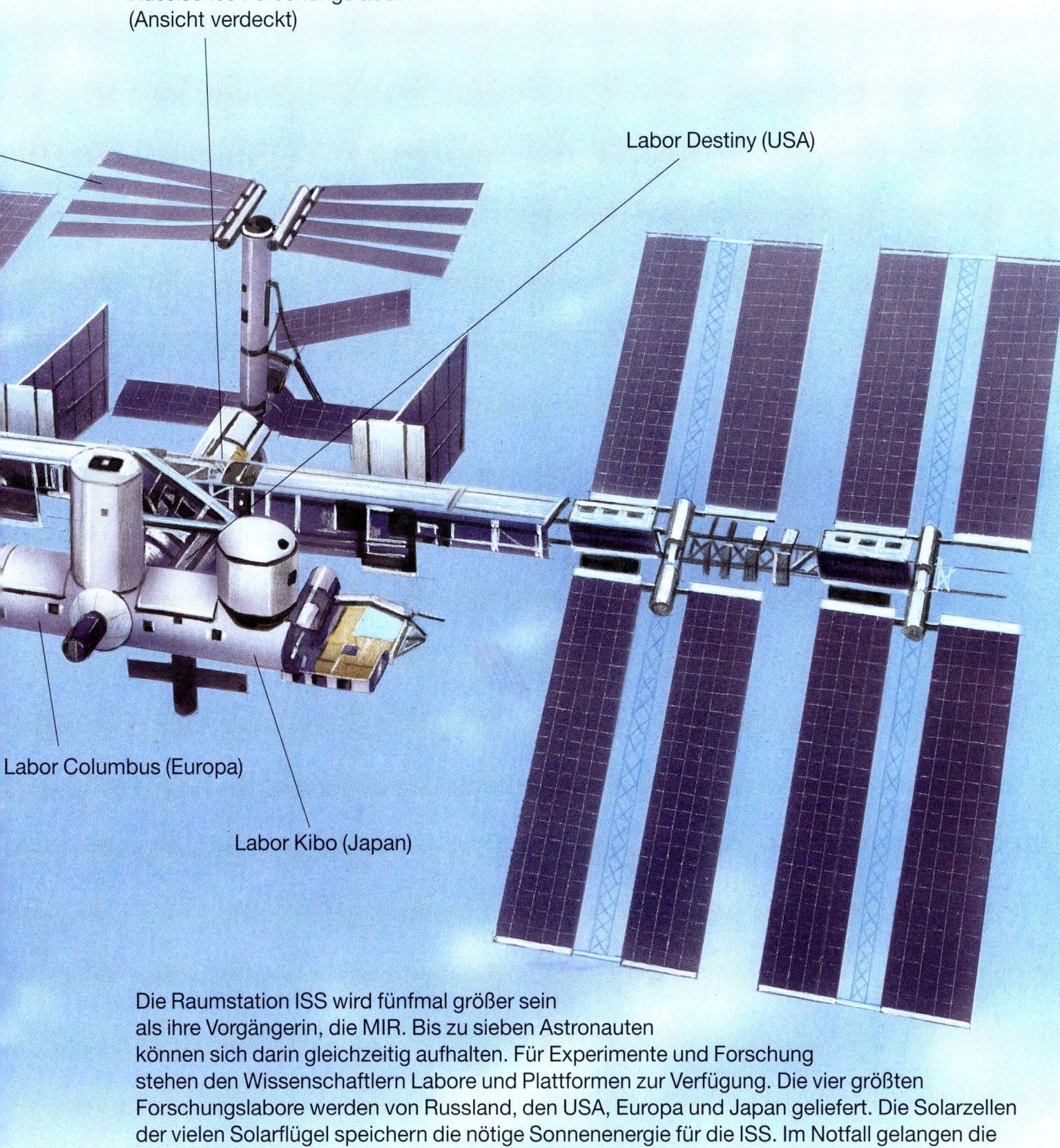

Russisches Forschungslabor
(Ansicht verdeckt)

Labor Destiny (USA)

Labor Columbus (Europa)

Labor Kibo (Japan)

Die Raumstation ISS wird fünfmal größer sein
als ihre Vorgängerin, die MIR. Bis zu sieben Astronauten
können sich darin gleichzeitig aufhalten. Für Experimente und Forschung
stehen den Wissenschaftlern Labore und Plattformen zur Verfügung. Die vier größten
Forschungslabore werden von Russland, den USA, Europa und Japan geliefert. Die Solarzellen
der vielen Solarflügel speichern die nötige Sonnenenergie für die ISS. Im Notfall gelangen die
Astronauten durch ein Rettungsschiff zurück zur Erde.

Berühmte Astronomen

Die Astronomie gilt als die älteste Wissenschaft überhaupt. Schon seit alters her haben sich Gelehrte und Forscher mit den Himmelskörpern beschäftigt. Die klügsten Köpfe ihrer Zeit waren fasziniert von den Rätseln und Geheimnissen der Sterne und Planeten.

Aristarch von Samos (ca. 310–230 v. Chr.) war ein Astronom im antiken Griechenland. Er verkündete als Erster, dass die Erde sich um die Sonne drehte. Vor seiner Zeit glaubten die Menschen, dass die Erde der Mittelpunkt des Universums sei. Allerdings schenkten ihm damals nur wenige Glauben. So gerieten seine Gedanken bald in Vergessenheit.

Nikolaus Kopernikus (1473–1543) war ein polnischer Priester, Arzt und Astronom. Er entwickelte als zweiter Forscher die Idee eines Planetensystems mit der Sonne, nicht der Erde, im Zentrum. Sein „kopernikanisches" Weltbild wurde von seinen Zeitgenossen aber weitgehend als Unsinn und Ketzerei abgetan.

Johannes Kepler (1571–1630) veröffentlichte 1609 und 1619 die drei so genannten „Kepler'schen Gesetze". Sie beschrieben erstmals mathematisch korrekt die Ellipsenbahnen, auf denen die Planeten um die Sonne kreisen. Damit löste der deutsche Astronom und Mathematiker ein Rätsel, das die Gelehrten schon seit Jahrhunderten beschäftigt hatte. Ein wertvoller Beitrag Keplers zur Astronomie waren auch seine „Rudolfinischen Tafeln". Sie blieben noch Generationen nach seinem Tod die maßgebliche Grundlage zur Berechnung der Planetenpositionen.

Galileo Galilei (1564–1642) erfand eine verbesserte Version des Fernrohres. Damit entdeckte der italienische Physiker und Astronom u. a. die vier großen Jupitermonde und die Sonnenflecken. Weil er ein Anhänger des kopernikanischen Weltsystems war, geriet er in Konflikt mit der Kirche. Denn damals glaubte man, Gott selbst habe gesagt, die Erde stehe im Mittelpunkt des Alls. Galilei wurde angeklagt und gezwungen, seine Lehren zu widerrufen. Eine nachhaltig bedeutende Leistung von Galilei war die Einführung des praktischen Experiments als Werkzeug der naturwissenschaftlichen Forschung. Er wurde damit zu einem Begründer der modernen Physik.

Isaac Newton (1643–1727) wurde für seine Verdienste 1705 in den Adelsstand erhoben. Der englische Physiker und Astronom entdeckte das Gravitationsgesetz und die nach ihm benannten „Newton'schen Axiome" der Mechanik. Seine Berechnungen bestätigten die von Kepler entdeckten Gesetzmäßigkeiten der Planetenbahnen. Newton erfand auch das Spiegelteleskop. Er wurde damit zum Urvater des Hubble-Weltraumteleskops. Newton entdeckte auch, dass sich weißes Licht mithilfe eines Prismas in verschiedene Farben zerlegen lässt. Er schuf damit die Grundlage für die Wissenschaft der Spektralanalyse.

Albert Einstein (1879–1955) wurde in Deutschland geboren und lebte später in den USA. Der berühmte Physiker gilt als wohl klügster Kopf des 20. Jahrhunderts. Einstein veränderte mit seiner Relativitätstheorie das seit Newton bestehende Weltbild. Er bewies, dass Raum, Zeit und Gravitation eng miteinander verknüpft sind. Einstein berechnete u. a., dass Körper bei extrem hohen Geschwindigkeiten an Masse zunehmen und dass für sie die Zeit langsamer vergeht. Er entdeckte, dass die Schwerkraft den Raum krümmt und entwickelte die berühmte Formel $E = m \cdot c^2$.

Sternbilder

Beim Blick auf den nächtlichen Sternenhimmel stechen schnell bestimmte, besonders helle Sterne ins Auge. Sie scheinen Figuren zu bilden. Wohl jeder kennt z. B. den „Großen Wagen" mit seiner Deichsel, den „Orion", die „Waage" oder das große „Himmels-W". Schon die alten Griechen kannten

diese „Sternbilder". Sie glaubten göttliche Wesen in ihnen zu erkennen. Deshalb gaben sie ihnen Namen von Gestalten und Tieren aus ihrer Götterwelt. Diese Namen haben die Sternbilder heute noch. Es gibt 88 verschiedene Sternbilder.
Wir leben in Europa auf der Nordhalb-

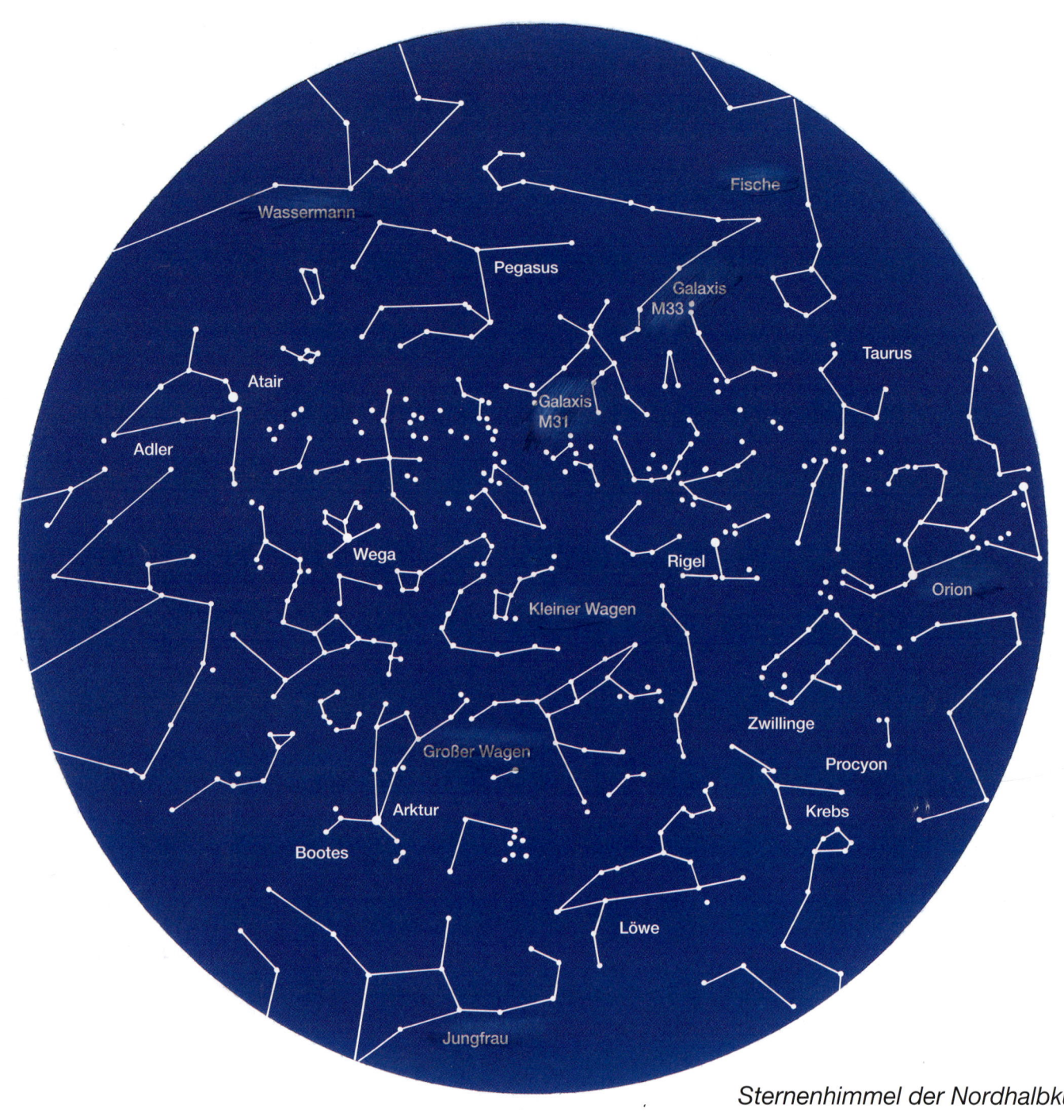

Sternenhimmel der Nordhalbkugel

kugel der Erde. Darum können wir einige Sternbilder und Bereiche des südlichen Sternenhimmels nie sehen. Etwa das berühmte „Kreuz des Südens".

Früher dienten die Sternenbilder den Menschen als Wegweiser und zur Bestimmung der Jahreszeiten. Der Deichselstern des Kleinen Wagens, der Polarstern, zeigt uns noch heute ohne Kompass die Nordrichtung an. Und daran, wie hoch bestimmte Sternbilder über dem Horizont stehen, kann man beispielsweise den Kalendermonat und die nächtliche Uhrzeit abschätzen.

Sternenhimmel der Südhalbkugel

Besucher aus dem All?

Immer wieder gibt es in der Zeitung und im Fernsehen Meldungen von so genannten „UFOs". Menschen berichten, sie hätten fliegende Untertassen oder andere außerirdische Raumschiffe und Geschöpfe gesehen oder sogar fotografiert. Aber bis heute haben sich alle diese Behauptungen als Irrtum oder Unwahrheit herausgestellt. Mal waren es Luftspiegelungen, mal Weltraumsatelliten und manchmal auch bewusste Täuschungen und Fotomontagen. Es gibt keinerlei Beweise für einen tatsächlichen Besuch außerirdischer Wesen auf der Erde.

Gibt es denn überhaupt Leben im All? Man weiß es nicht. Entdeckt wurde es noch nirgends. In unserem eigenen Sonnensystem jedenfalls ist höchstwahrscheinlich nur die Erde belebt. Allerdings ist das Weltall riesig groß. Es gibt ungeheuer viele andere Sonnen wie unsere. Viele davon werden wahrscheinlich ebenfalls von Planeten umkreist. Mithilfe modernster Beobachtungsmethoden haben die Astronomen schon mehrere ferne Planetensysteme entdeckt.

Und auf solchen fremden Himmelskörpern könnte sich durchaus ebenfalls Leben entwickelt haben. Vielleicht sogar intelligentes Leben, wie wir es aus Science-Fiction-Romanen oder -Fernsehserien kennen. Denn der Weltraum ist ebenso grenzenlos und vielfältig wie die Fantasie des Menschen. Die 1972 und 1973 gestarteten Planetensonden Pioneer 10 und 11 schickten als erste Raumfahrzeuge Nahaufnahmen vom Jupiter und Saturn zur Erde. Nach vollendeter Mission setzten sie ihren Flug in die Tiefen des Alls fort. Inzwischen sind sie weiter aus unserem Sonnensystem hinausgereist als jede andere Raumsonde vor ihnen. Auf ihrer Außenseite wurde jeweils eine goldene Plakette mit einer Botschaft an mögliche außerirdische Lebewesen angebracht. Sie berichtet über Aussehen, Größe und Wissen der Menschen, die Startzeit und Herkunft der Raumsonden und enthält weitere wissenschaftliche Daten. Ein Gruß der Menschheit an die Sterne.

Zeittafel
Weltraum und Weltraumforschung

Vor 15 Milliarden Jahren	Der Urknall
300 Millionen Jahre nach dem Urknall	Die ersten Galaxien und Sterne
Vor 10 Milliarden Jahren	Entstehung der Milchstraße
Vor 5 Milliarden Jahren	Entstehung der Sonne
Vor 4,6 Milliarden Jahren	Entstehung von Erde und Mond
Vor 4,2 Milliarden Jahren	Entstehung der Erdatmosphäre
Vor 3,8 Milliarden Jahren	Das erste Leben entsteht – Einzeller
Vor 3 Milliarden Jahren	Die ersten Meerespflanzen
Vor 1,5 Milliarden Jahren	Die ersten Vielzeller
Vor 500 Millionen Jahren	Die ersten Fische
Vor 415 Millionen Jahren	Die ersten Landpflanzen
Vor 370 Millionen Jahren	Die ersten Amphibien
Vor 300 Millionen Jahren	Die ersten Reptilien
Vor 230 Millionen Jahren	Die ersten Saurier
Vor 65 Millionen Jahren	Das Ende der Dinosaurier
Vor 5 Millionen Jahren	Die ersten Vormenschen
Vor 40.000 Jahren	Der erste moderne Mensch – Homo sapiens
Vor 10.000 Jahren	Ende der letzten Eiszeit
Vor 5.000 Jahren	Die ersten Hochkulturen
Vor 2.000 Jahren	Beginn der abendländischen Zeitrechnung

140 n. Chr.	Weltbild des Ptolemäus – Erde als Mittelpunkt des Universums
1543	Weltbild des Kopernikus
1608	Lippershey erfindet das Linsenteleskop
1609	Keplers Planetengesetze
1668	Newton erfindet das Spiegelteleskop
1687	Newtons Gravitations- und Bewegungsgesetze
1781	Herschel entdeckt den Uranus
1846	Galle entdeckt den Neptun
1916	Einsteins Allgemeine Relativitätstheorie
1930	Tombough entdeckt den Pluto
1937	Das erste Radioteleskop
1957	Sputnik 1 – der erste Satellit
1960	Tiros 1 – der erste Wettersatellit
1961	Juri Gagarin – der erste Mensch im All
1965	Early Bird – der erste Kommunikationssatellit
1969	Apollo 11 – die erste Mondlandung
1971	Saljut 1 – die erste Raumstation
1972	Raumsonde Pioneer 10
1973	Raumsonde Pioneer 11
1977	Raumsonden Voyager 1 und 2
1981	Spaceshuttle
1986	Raumstation Mir
1990	Hubble-Weltraumteleskop
1998	Das erste Modul der ISS wird gestartet
2001	Die Raumstation ISS wird in Betrieb genommen
2006	Fertigstellung der internationalen Raumstation ISS

Register